梅本堯夫・大山 正 監修 **3** ライブラリ 実践のための心理学

家族の心理

第2版

家族への理解を深めるために

平木典子・中釜洋子
藤田博康・野末武義 共著

サイエンス社

監修のことば

　21世紀は地球規模の環境問題と先進諸国に典型的な少子化・高齢化などの問題に直面しています。また高度な技術開発が進んだ現在の社会は，自動機器が整備され，情報にあふれ，物質的環境は整備されましたが，心の文化，人間関係は必ずしもそれに伴っているとはいえません。

　日々のニュースは，犯罪や抗争や事故を伝え，人びとの心に不安を与えるとともに，家族やコミュニティや組織の重要性と健康や福祉や文化間の協調の必要性を訴えています。

　人びとに真に豊かな生活を与えるためには，心理学がもっと実践に役立たなければなりません。大学においても，より時代の要請に合った教育プログラムの提供が求められています。そのような中で，心に関した問題に対する社会的関心が高まり，心理学を教える学部・学科も増えてきました。カリキュラムの内容も基礎的なものに加えて，実践的応用的な科目の充実が求められています。

　本ライブラリではこのような状況に応じて，心理学の実践・応用の分野について，基本的な知識を平易に解説し，コンパクトにまとめて読者に提供しようとするものです。

監修者　梅 本 堯 夫

大 山　　正

　なお，本ライブラリは梅本堯夫先生がご生前にともに企画され，執筆者への依頼もされましたが，その後，惜しくも急逝されました。大山がご遺志をついで監修に当たっております。

第2版へのまえがき

　本書の初版が刊行された2006年10月から13年の歳月が過ぎ，15刷が発行されて現在に至っている。この間，家族にかかわる心理学は，家族の「多様化」と「個人化」と言われる変化と連動しながら家族形態とそれに伴った家族機能の変化の研究を続けている。同時に，グローバルな規模で変化する自然，経済，政治の中で生き続ける家族への心理的支援の必要性は高まり，隣接諸科学との連携も進められてきた。

　本ライブラリの方針に従い，本書の初版においても家族にかかわる心理学の実践の知と研究を紹介したが，第2版では，全章を貫く視点として6章6-3で紹介した社会や家族，個人の多様性を尊重する社会構成主義と呼ばれるものの見方，現実のとらえ方をとりわけ重視して執筆した。また，急激な21世紀の文化社会的変化の要請に応えるべく，各章には研究・実践の進展を加え，新たな項目を増やし，参考図書も最新のものにした。本書が引き続き多くの方々の役に立つことを願っている。

　第2版では，初版の共著者であった中釜洋子氏が2012年に急逝されたことを受けて，IPI統合的心理療法研究所で家族研究・家族療法の同僚でもある藤田博康氏，野末武義氏に共著者として後を引き継いでいただいた。改めて中釜洋子氏に感謝し，本書を中釜氏に捧げたい。

　最後に，今回もサイエンス社の清水匡太氏には細部にわたる編集と的確なアドバイスでサポートしていただいた。記して感謝申し上げます。

　　令和元年を迎える　2019年4月　　　　　　　　平　木　典　子

初版へのまえがき

　家族に関わる心理学的研究の歴史は比較的短く，20世紀に入ってからようやく始まった。また，その研究も，当初は個人に及ぼす家族の遺伝的・心理的影響といった視点からのもの，いわば個人にとっての環境としての家族に関する研究がほとんどであり，集団としての家族そのものにアプローチするまでには至っていなかった。1950年代にはアメリカで，「相互作用をしている集団」としての家族の臨床的研究が始まり，家族の心理が個人の心理力動だけでなく，集団の力動の視点からも理解されるようになった。さらに1982年には，日本とアメリカにおいて家族心理学会が設立されたことにより，「家族心理学」と呼ばれる心理学の領域が確立した。その発展には，心理学の領域では発達心理学と臨床心理学が大きく貢献している。

　家族の研究は，心理学よりも他の学問分野が先行している。核家族という概念をつくった社会学者のマードックが家族を「性的・経済的・生殖的・教育的機能を持つ集団」（1949）と呼んだように，家族は個人，集団，社会に関わりがあると同時に，過去から現在，未来に至るライフサイクルを通して生命を引き継いで変化していく複雑な存在である。したがって家族は，人に関わる多様な学問の研究対象になってきた。

　中でも，文化人類学と家族社会学は，家族心理学よりもはるかに早く19世紀の半ばから，家族を人類史的変化と社会制度・家族機能の側面から集団として，また文化として科学的にとらえる試みを続けてきた。その発端は，ヨーロッパにおいては，産業革命の技術革新とそれに伴う経済システムの変化による家族への影

響の研究から生まれ，以後，主として家族の制度としての変遷と社会集団としての機能についての研究が続けられている（山根，1986）。特に，家族研究に大きな影響を与えた研究として注目されているのは，家族史研究者アリエス（1960）による「子ども期」の発見である。彼は，子どもへの愛情を中心とした親子のあり方，および親密さとアイデンティティの欲求を満たそうとする家族のあり方は近代の産物であることを示して，親子・家族のあり方に大きな認識の変化をもたらした。家族は，いまや形態的，制度的存在だけではなく，感情的共同体であるという認識の流れをつくったのである。

　一方，20世紀に入るとアメリカでは，産業革命のもたらした工業化・都市化は，夫婦関係の変化による離婚率の上昇，子どもの情緒的障害や反社会的行動の増加等家族への急激な否定的影響となって現れ始め，子どもの成長における家族の重要性と家族の臨床的問題への関心を高めることとなった。その結果，発達心理学の領域では，特に子どもの発達と母子関係の研究が促進され，また，精神医学や臨床心理学の領域においては，個人の精神病理だけでなく家族の臨床的研究が開始され，家族研究に心理学の視点が導入されることになっていった。

　特に，1950年代に始まる精神科医療における精神科医，ソーシャルワーカー，心理臨床家たちが行った患者とその家族に関わる臨床実践と研究は，「家族システム理論」という家族の構造と機能を理解するための方法論を生み出し，それまでのフロイトの心理力動理論による家族理解に加えて，家族力動理論による家族理解と臨床的介入技法の開発を促した。

　ちなみに，家族システム理論の発展には，文化人類学者ベイト

初版へのまえがき

ソンの影響が大きい。彼は，自身の研究のために，精神科医ジャクソン，人類学者ウィークランド，コミュニケーションの研究家ヘイリーと共に統合失調症の家族のコミュニケーション研究を行い，家族力動に関する仮説（1956）を発表して，初期の家族療法の発展に多大な貢献をしたことで知られている。彼はまた，相互作用システムとしての家族の把握の方法を理論生物学者フォン・ベルタランフィの『一般システム理論』（1968）と数学者ウィーナーの『サイバネティックス』（1954）から得，自身の調査・研究に活用していたとも言われている。

　家族研究にとってもう一つ無視できない動きは，ベティ・フリーダンの著書『女性の神秘』（1963）（日本語版邦題は『新しい女性の創造』）に始まる女性解放運動が発した家族への問いである。フェミニストたちが共通して投げかける「女性を抑圧する家族」「家族の中での男女の力関係」への批判は，家族研究者たちに現代における家族のあり方，未来の家族機能について根本的な見直しを迫っている。

　家族心理学は，生涯発達心理学，臨床心理学をきょうだいに，精神医学，社会学，生物学，情報科学などの隣接科学を親戚にしながら，特に家族関係，家族力動，家族プロセスの解明とその臨床的応用に貢献してきた。とりわけその関心は，現在，変動する社会的文脈の中で形成される家族関係過程，家族関係に代表されるような親密な人間関係の心理的・社会的意味，そしてそれらが及ぼす個人・家族の健康への影響に向けられている。

　本書は，およそ100年の歴史をもつ家族に関わる心理学の研究と実践の現時点における成果を初学者向けに分かりやすくまとめたものである。本書が家族心理の理解と家族問題の解決に役立つ

ことを期待している。

　最後になったが，われわれの家族の心理に関わる学びをこのような形で発表する機会を与えて下さった監修者の故梅本堯夫先生と大山　正先生に感謝申し上げたい。

　2006 年 8 月

平 木 典 子
中 釜 洋 子

目　次

第2版へのまえがき ………………………………………………… i

初版へのまえがき …………………………………………………… iii

1章　家族とは何か　　1

1-1　家族の定義 ……………………………………………… 2

1-2　家族の機能 ……………………………………………… 4

1-3　家族という関係の特殊性 ……………………………… 12

1-4　家族心理学のテーマの変遷 …………………………… 14

参 考 図 書 …………………………………………………… 16

2章　家族の健康性とは　　17

2-1　家族の健康性をめぐる実証研究 ……………………… 18

2-2　家族の発達 ……………………………………………… 26

2-3　統合的な家族理解に向けて――問題と資源の包括
　　　的把握 …………………………………………………… 30

参 考 図 書 …………………………………………………… 34

3章　家族づくりの準備　　35

3-1　人の発達と家族づくりの準備 ………………………… 36

3-2　思春期・青年期と家族 ………………………………… 38

3-3　アイデンティティ確立のための発達課題 …………… 44

3-4　モラトリアムの意味すること ………………………… 48

3-5　独身の若い成人期――家族づくりの開始 …………… 50

参 考 図 書 …………………………………………………… 56

目　次

4章　夫婦の発達とは　57

4-1　夫婦の絆づくり……………………………………58

4-2　夫婦関係に関する実証研究………………………64

4-3　子どもをもつ決心と夫婦関係の変質……………72

参 考 図 書………………………………………………76

5章　子どもが育つ場としての家族　79

5-1　養育のためのシステムづくり……………………80

5-2　養育のためのシステムづくりが困難になる場合

………………………………………………88

5-3　親子関係の変容……………………………………94

参 考 図 書………………………………………………96

6章　変化する社会の中の家族　99

6-1　システムとしての家族……………………………100

6-2　変動する文化社会的コンテクスト………………108

6-3　社会構成主義とは何か……………………………118

参 考 図 書………………………………………………122

7章　家族理解に役立つ臨床理論　125

7-1　家族心理の理解に役立つ家族療法の鍵概念……126

7-2　夫婦（カップル）療法……………………………140

参 考 図 書………………………………………………144

8章　家族の変化に役立つ臨床的援助技法　145

8-1　ジョイニングと多方向への肩入れ………………146

目 次　　　　　ix

8-2　リフレーミング………………………………148

8-3　エナクトメント………………………………150

8-4　家族造形法……………………………………152

8-5　ブリーフセラピー（短期療法）……………154

参 考 図 書……………………………………………156

9章　家族への臨床的アプローチの実際　159

9-1　心理援助の形態………………………………160

9-2　家族にふりかかるストレス…………………166

9-3　家族間に起こる暴力に対する臨床的アプローチ
……………………………………………………168

9-4　思春期・青年期の子どもがいる家族への臨床的ア
プローチ………………………………………174

9-5　喪失に対する臨床的アプローチ……………176

参 考 図 書……………………………………………180

10章　家族をめぐる心理学の課題と展望　183

10-1　家族の普遍性と個別性……………………184

10-2　これからの家族心理学……………………187

引 用 文 献……………………………………………191

人 名 索 引……………………………………………203

事 項 索 引……………………………………………205

執筆者紹介……………………………………………208

家族とは何か

　家族は，時代と文化を越えてどの社会にも普遍的に存在している。一方，その存在の仕方や果たしている機能は，時代・社会・文化により異なっており，また，時代や社会的背景が同じでも，一人ひとりの家族体験は違っている。とりわけ現代の家族は，その形態も機能も多様化し，簡単に定義することが難しくなった。つまり，「夫婦・親子の関係という特別のつながりと生活空間を共有する集団」というイメージに当てはまる家族はほとんどない。結果，メンバーに期待される役割や各人が果たす機能，社会における位置づけも大きく変化している。

　本章では，夫婦・親子の関係という特別のつながりと，生活空間を共有する集団と一般に考えられている「家族」とは何か，今，家族はどのような機能を果たしているかについて概観することにする。

1-1 家族の定義

「家族」は誰もが知っており，誰もが何らかの関わりを持つ存在である。しかし，改めて家族を定義しようとすると，非常に難しいことに気づかされる。『ブリタニカ国際大百科事典』によれば「婚姻によって成立した夫婦を中核にしてその近親の血縁者が住居と家計を共にし，人格的結合と感情的融合のもとに生活している小集団」とされている。家族の基本条件は，夫婦・親子といった血縁的つながりと，日常生活の共同の2つであり，多くの人々が持つ「核家族」のイメージに重なるのではないだろうか。ところが，いま，周囲を見回してみると，この条件に該当しない家族が数多く出現しており，家族を包括的，普遍的に定義することはできないことが分かる（Topic 1-1）。

例えば，近年，子どものいない家族，一人親家族，同棲と事実婚の家族などが増えた。また，里親・養子縁組の親子，子どもを連れた再婚同士の家族等，血縁を前提としない家族も珍しくない。さらに，同性愛者の家族，思いを共有する同士が起居を共にするコミューン等，家族のような生活共同体ではあっても制度上は認められていない集団も存在する。逆に，単身赴任の父，勉学等のために家族と離れて暮らす子ども，結婚しない人，配偶者の死後一人住まい，家族をもつことが許されない仕事の人（カソリックの司祭や修道女）等，単身家族が激増している。ただし，これらの人々が家族のメンバーと相互交流や情緒的結びつきをもたないかというと，実は密に保たれていることも多い。

いまや，家族は外見上・法律上の形式で一様に定義することは難しく，家族とは「自分たちが家族と了解した人々のこと」と言ってもよいほど，多様化し，変貌している。その中で，私たちは

Topic 1-1　専門分野による「家族」の定義の違い

家族心理学：詫摩は『家族心理学』（詫摩・依田，1972）の中で，家族とは「夫婦を中心とし，親子，きょうだいなどの近親者がその主要な構成員で，相互に愛情や家族意識によって結ばれて共同生活を営み，人間的・文化的な生活を共にしている集団」と定義した。ところが1994年，デュッセルドルフ大学のペツォルト教授は第2回国際家族心理学会議における講演『家族の心理学的定義』で，通時代的・包括的定義が不可能になったと述べた。

家族社会学：代表的な定義として「夫婦・親子・きょうだいなど少数の近親者を主要な成員とし，成員相互の深い感情的包絡で結ばれた，第一次的な福祉追求的の集団」（森岡・望月，1983）がある。一方，家族は社会学的に関係（relation），集団（group），過程（process），生活様式（lifestyle），制度（institution）の5つの視点から意味づけられるので，普遍的現象ではない（山根，1986）とも論じられている。

　近年では，家族史研究家のアリエス（1973）が述べた「近代の家族は，親密さとアイデンティティの欲求に対応し……家族の成員たちは，感情や慣れや生活様式によって結びつけられている」という家族の精神的つながりの側面がとりわけ強調されるようになった。また，21世紀の家族は，あらかじめ客体化された存在として定義されるものではなく「人々の行動や言葉によって日々つくられていくもの」であり，「人々の関係についての観念」，という社会構成主義の視点によるグブリアムとホルスタイン（1990/中河他訳，1997）のとらえ方が広がっている。

家族に何を期待し，家族は個人や社会に対してどんな機能を果たしているのであろうか。

1-2 家族の機能

「家族」の多義性は，家族の果たす機能が文化によって多様であり，時代により変化していることと関係がある。

家族の普遍的な機能については，家族心理学の先輩である人類学・社会学において長年，議論されてきた。「核家族」という用語を最初に使った人類学者のマードック（Murdock, 1949）は「性的，経済的，生殖的，教育的」という4機能を挙げたが，現在はどうなっているだろうか（Topic 1-2 も参照）。

家族の歴史を見ると，伝統的な社会における家族は，生産と居住の集団として地域共同体に属し，生活資源の獲得と消費がその主たる機能であった。ところが，近代産業社会は，生活資源と消費財の大量生産と大量消費，仕事の分業と給与生活者を生み出し，結果として仕事と家庭の分離，男女性別分業から共同参加への移行，そして家事・育児・教育等の外部化を進めることとなった。近代家族は，生産集団でなくなったと同時に，これまで社会が家族に期待し，配分してきた4機能を果たす必要がなくなってきた。代わって，既に家族史家アリエス（Ariés, 1960）（Topic 1-1）が予見した愛情や思いやり等でつながる精神的関係としての存在意義や，社会学者パーソンズ（Parsons, 1956）が提示した近代の核家族の2機能「成人のパーソナリティの安定化と子どもの基礎的な社会化」といった機能が強調されている。

一方で，夫婦は互いを選ぶことができるが，子どもは親を選ぶことができない。また，子どもの誕生は父母にその立場の解消を

1-2 家族の機能

Topic 1-2 家族心理学と家族社会学におけるかつての家族機能の比較

【家族心理学】

表1-1 詫摩・依田による定義（詫摩・依田，1972）

1. 緊張解消による休息の場としての機能
2. 開放的・情緒的かかわりの場としての機能
3. 子どもの社会化促進の場としての機能
4. 性的欲求充足の場としての機能

【家族社会学】

表1-2 家族機能の図式（山根，1963）

家族の性格	機能の特徴と方法		個人に対する機能	社会に対する機能
性的制度	性的	性的行為	性的充足	性的統制
生殖機関	生殖的	生産	子孫を持つ欲求の充足	社会成員の補充
経済的単位	経済的	生産	雇用の充足収入の獲得	社会的分業への参加
		消費	基本的・文化的欲求の充足，依存者の扶養	経済的秩序の維持
第1次集団*	教育的	養護教育	社会化	文化の伝達
家庭**	心理的	団欒	情緒的安定	社会の安定化

（*は筆者）
* 第1次集団（primary group）：成員相互の親密な対面的結合関係に基づく集団のことで，家族は第1次集団と言われ，他の社会的集団とは区別される。
**家庭（home）：私的な情緒的交流の日常的な場をいう。

不可能にする。加えて，人の子どもが未熟な状態で生まれるという現実は，子どもの養育と社会化の機能を家族に担わせやすい。その意味で，血縁で結ばれる父・母・子は家族の原型となり，親子は生計を共にする生活集団（世帯）をつくり，結果として情緒的，心理的つながりが生まれ，家族は家族メンバーにとっても，社会に対しても，物理的・精神的な安定機能を果たすことになる。現代における家族機能の変化は，注目すべき研究課題である。

性に関わる家族機能

　半世紀前に家族心理学・家族社会学において家族固有の機能とされていた Topic 1-2 に挙げた項目には，いくつかの共通点があった。

　その一つは，「性的・生殖的欲求充足の機能」である。しかし現代では，これらの家族機能は非常に曖昧になりつつある。

　図 1-1，図 1-2 に見られるように，男女は性的欲求を結婚によって合法的に満足させることは少なくなった。また，生殖技術の進歩のもとで，生殖欲求の充足に必ずしも婚姻という形態や性的な欲求を必要としなくなった。実際，子どもができてから結婚する者や子どもができても結婚しない者もおり，結婚しても子どもをつくらない者，さらに結婚しても性的関係をもたない者もいる。性的欲求と生殖欲求の充足を家族の機能とする前提は崩れつつある。

　上記の現象には，産業構造の変化による仕事と家庭の分離および家族メンバーの生活の場の拡散，科学技術の進歩による家事労働のスリム化，男女の自由意志による子どもの生誕の選択等が与っているだろう。その結果は，子どもの私物化，育児・養育放棄，教育の外部化，少子化などの問題となって現れている。

1-2 家族の機能

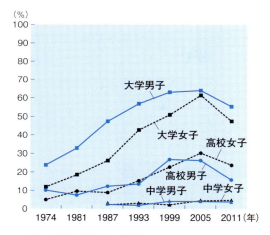

図 1-1 青年の性交経験率の推移（日本性教育協会『「若者の性」白書——第7回青少年の性行動全国調査報告』，2013より）

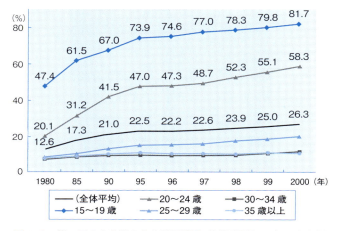

図 1-2 第一子の出生数のうち結婚期間が妊娠期間より短い出生割合（厚生労働省「人口動態調査特殊報告」，2002より作成）

いまなお，家族の性に関わる機能として残っているのは**インセスト・タブー**（近親相姦の禁忌）である。つまり，父母と子どもは性的に境界を形成し，また同じ親から生まれた子ども同士も性的な結合を禁じられているのである。そこには，家族の形態や機能は変化しても，父・母・子を原型とする家族の生殖行動に関わるルールと機能が働いている。性は，フロイト以来，人間と家族にとって生理的な機能だけでなく，心理的な機能が働く領域とされているのである。

子どもの社会化に関わる家族機能

「**子どもの社会化**」の機能はどうであろうか。子どもは，長期にわたり他者との相互作用を通して所属する社会の成員として成長していく。この過程を社会化と呼ぶが，それは，社会的規範への同調と文化の継承をしながら，自己を実現していくプロセスでもある。ある社会・文化に特有な規範や行動様式は，養育者を介してまず伝達されることが多いため，子どもの社会化には家族が重要な役割を果たすとされてきた。

ところが，高度産業社会では，この機能が分散されつつある。近代家族は社会的分業に参与することで収入を得，生活資源を獲得・消費して生命を維持している。成人の労働力はほとんど家庭外での機器・情報の操作，サービス業，あるいは知的活動に使われ，高学歴化は進行し，男女の性別分業は減り，夫婦の共働きは増加している。これらの変化に伴って，かつて家族が担っていた育児・教育などの機能は大幅に保育園・学校などコミュニティの外部機関に委託されるようになった。また，家事の省力化，食事の個食化・中食化・外食化によって家族の団欒や独自の食文化の喪失を招いている。

1-2 家族の機能

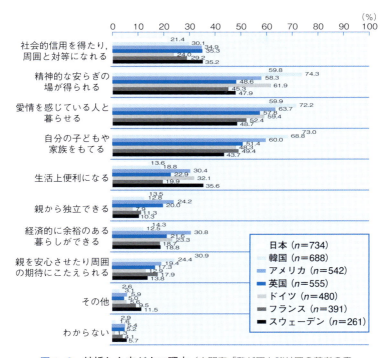

図 1-3　結婚した方がよい理由（内閣府「我が国と諸外国の若者の意識に関する調査（平成 25 年度）」より）
世界 7 カ国の若者（13～19 歳）に「あなたが，結婚（事実婚を含む）すべきだ，結婚した方がよいと考える理由に当てはまるものを，この中からいくつでも選んでください」に回答した人の割合（「結婚すべきだ」「結婚した方がよい」と回答した人*のみ対象）。
（*以下のように，結婚に対する各国の文化的社会的背景や政策などに影響されている割合が大きい。日本 62.5％，韓国 67.1％，アメリカ 52.3％，英国 51.5％，ドイツ 46.4％，フランス 38.9％，スウェーデン 24.3％。）

10　　　　　　　　　　　1章　家族とは何か

　子どもにとって父母は，共食や養育を通した接触機会の減退によって見えにくい存在となり，消費と休息の場を保障するために稼働している人と映っている可能性がある。一方，父母にとって子どもは選択の対象となり，「授かる」ものから「つくる」ものへ（柏木，2003），さらにその価値も経済的・実用的満足といった「社会的価値」から父母の精神的満足といった「個人的価値」へと変化している（図1-3）。

　子どもの養育・社会化は，父母の価値観の体現・継承としてなされる部分がある一方，父母以外の社会の様々な人々によって担われている現実もある。今後，子どもの社会化の機能を，誰がどのように果たすのか，人類の課題である。

情緒的安定に関わる家族機能

　第3に挙げられる家族機能は，「情緒的安定の充足」である。家族は成員相互の親密な対面的結合に基づく第1次集団と呼ばれ（Topic 1-2参照），他の社会的集団とは異なると言われてきた。家庭は「団欒の場」であり，「緊張解消による休息の場，また開放的・情緒的関わりの場」として個人に安らぎや憩い等の心理的安定を与え，ひいては社会の安定化をはかる機能をもつということである。

　ところが現代の家族では，これまで家族集団を形成する契機となっていた家事・共食・養育という活動は長時間労働，仕事・勉学のための別居，養育や教育の外部化などにより減少し，各家族メンバーは，ひたすら消費資源の獲得と自己実現にエネルギーを注ぎ，居住空間は主として消費と睡眠の場と化している。家族内の活動や接触を通じて培われた家族同士の私的で日常的な情緒交流は減り，家族の親密さ，絆も希薄になりつつある（図1-4）。

1-2 家族の機能

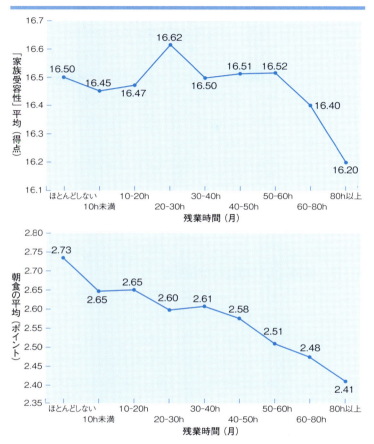

図1-4 残業時間と「家族受容性」の平均と，残業時間と朝食の平均 (社会経済生産性本部メンタルヘルス研究所，2005)
一般に家族関係は残業が増えれば悪い影響が出ると予想される。上図は，家族との関係は，残業が60時間以上（1日3時間以上）になると悪化することを示している。ただし，1日1.5時間であれば，関係は向上することも示されている。また，下図を見ると，残業が増えるに従い，朝食をとらない者が増え，朝，家族が顔を合わせない可能性が予想できる。

家族は，遊び仲間などと同様，親密さや絆といった質的関係を形成し得る集団であり，課題達成と成果を求められる会社のような組織とは異なっているがゆえに，人々の情緒的安定の重要な源の一つとなってきた。しかしいま，多くの子どもたちは「居場所がない」とつぶやき，働き盛りの中年男性はうつや自殺，親は育児不安や虐待に陥り，誰もが安らぎや憩い，ケアが得られる情緒的安定の場がないことを訴えている。

　これまで家族が果たしてきた情緒的安定をもたらす人間関係形成の機能は，どこで，誰が果たすのだろうか。このテーマは，はからずも 100 年程前にフロイトにより注目され，半世紀程前に家族心理学が追究し始め，現代まで残されている重要課題である。

1-3　家族という関係の特殊性

　父・母・子を原型とする家族は，個人にとっても，社会にとっても他に類を見ない独特なつながりの単位であり，家族の形態や機能が変化したとしても，その関係は依然として存在し，その関係が人間の生活に与える意味と影響を軽視することはできない。この関係は，核家族を基本に置きながら，多世代の家族ライフサイクルを経て恒久的につながっており，また，現代においては血縁を越えて精神的な横のつながりとして広がっていく可能性をもつ。このつながりのもつ意味は，以下のように要約できるだろう。

　①現代人にとって性的欲求の充足は夫婦間に限定されず，インセスト・タブーを除いて社会的統制の対象でもなくなったこと。②生殖欲求には，子孫をもち，社会の構成員を補充するというよりも，むしろ男女の個人的・主観的・情緒的欲求を充たすという意味合いのほうが強くなったこと。③夫婦による性的行為と生殖

1-3 家族という関係の特殊性

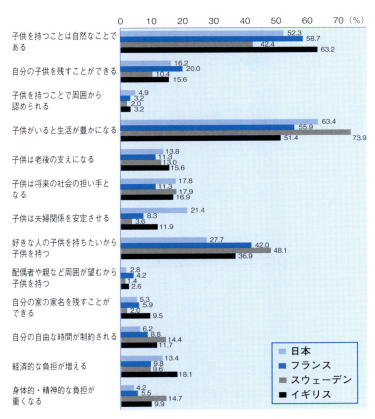

図1-5 **子どもを持つことに対しての考え方**（内閣府「平成27年度少子化社会に関する国際意識調査報告書」より作成）
「あなたは自分の子供を持つことに対してどのように考えていますか。すでにお子さんがいらっしゃる方は、子供をもつ前にどのように考えていたかということについてお答えください。次の中から重要なものを3つまで選んでください。」という質問に対する20～49歳男女の回答。
注：「その他」「特にない」「わからない」については省略。

行為の関連は薄れ，男女は性的行為に親密さや愛情，心のケアといった個人的欲求の充足をより強く求め，子どもも夫婦の愛情と自己実現の対象となってきたこと。④乳幼児を含めて子どもの社会化は，親や家族よりも社会全体の仕事になりつつあり，それに医学の進歩，男女共同参画の動きが加わって，子どもの誕生・養育は良くも悪くも男女のコントロールの対象になり始めていること（図1-5）。

　家族の心理的・情緒的機能は，それが充たされているときは実感されないが，充たされないときに心理的障害や家族関係の問題として現れる。家族の心理的意味を解く鍵は，関係としての家族にある。

1-4　家族心理学のテーマの変遷

　家族心理学は，その発展の契機に子どもの発達的・情緒的・臨床的問題があった。その源流には，ヒステリーという心身症の女性の治療から始まった精神分析家フロイト（Freud, S.）（図1-6）の子どもの成長における親子関係の心理的影響の研究があり，また，発達心理学の先駆者であるホール（Hall, G. S.）（図1-7）たちの子どもの成長と発達のプロセスの研究があった。

　1950年以降は，精神分析の流れを汲むエリクソン（Erikson, E. H.）（図1-8）の臨床的研究による人の生涯におけるパーソナリティの心理・社会的発達の漸成理論（3章参照）や，発達心理学者たちによる観察，実験，テスト，面接，臨床等の心理学的方法を駆使した人間の諸相の縦断的・横断的実証研究により発展していった。

　精神分析を中心とする家族研究は，個人における家族の心理内

1-4 家族心理学のテーマの変遷

図 1-6 S. フロイト
　　　（1856-1939）

図 1-7 G. S. ホール
　　　（1844-1924）

図 1-8 E. H. エリクソン
　　　（1902-1994）

力動の理解を助け，発達心理学の研究は，人間の知覚，認知，言語，情緒，思考，人格，社会的能力等が，社会的環境との関わりで学習されていくプロセスを明らかにした。ただ，これらの研究は，個人の発達や問題に対する家族や社会の影響という視点からのものであり，個人，家族，社会を相対的にとらえてはいない。

視点の転換を大きく迫ったのが，1960年代に統合失調症の家族の治療から始まった家族合同面接の成果である（9章参照）。個人の問題や症状，夫婦や家族の問題は，個人と個人，個人と家族全体の循環的相互作用のメカニズムの中で起こる一つの現象であり，いわば関係のプロセスの問題としてとらえる必要があるという命題である。

家族心理学はこの考え方を取り入れ，個人，家族，社会を相互作用している生態ととらえ，夫婦と家族関係の特質をより広い視野から見定め，家族の心理を解明しようとする。

参 考 図 書

宇津木 保他（1978）．フロイト——著作と思想—— 有斐閣

　膨大なフロイトの業績と思想を原典に即し読みやすく解説している。

柏木 惠子（2003）．家族心理学——社会変動・発達・ジェンダーの視点—— 東京大学出版会

　家族の心理をジェンダーの視点を貫いて論考した力作。

光吉 利之他（1979）．家族社会学入門 有斐閣

　家族社会学における家族研究の概要が分かるコンパクトな書。

山根 常男（1986）．家族と人格——家族の力動理論を目ざして——家政教育社

　家族社会学と臨床心理学をつなぐ家族理解の必読書。

家族の健康性とは

　家族の健康性とは何だろうか。個人の健康が心身の病気のないことだと定義されるなら，家族の健康性は，家族メンバー全員が心身の病気をもたない状態を意味するのだろうか。家族メンバーが一時的に心身の不調を抱え，葛藤を感じつつもお互いに支え合い，日々の営みを続けていくことのできる家族がいる。その反面で，個人の発達や成長に不安を覚え，関係が悪化したり大きな問題に発展する家族もいる。どんな家族にも健康な面とそうでない面があるのだが，家族の健康性とは，どのようなものだろうか。

　本章では，家族の健康性をめぐる議論と実証研究のいくつかを紹介する。さらに家族発達という概念を導入することで，平均的な家族がたどるライフサイクルの移り変わりに思いを馳せてみよう。

2-1 家族の健康性をめぐる実証研究

　家族の健康性をとらえようという試みは，家族をひとまとまりのシステムとしてとらえる家族心理学の発展の中で，家族メンバー一人ひとりのパーソナリティの総和としてではなく，家族システムが備える構造や機能の特徴として始まった。日常生活を送っていく中で，どんな家族でも大なり小なりの問題を抱えていく。問題や困難を全く経験しない家族などあるはずがなく，家族の健康性とは，問題や困難がないというより，それらに向き合い解決することができる家族を意味するととらえるのがよいだろう。

　例えばウォルシュ（Walsh, 2011）は，「ノーマルな家族」の基準として，①症状を呈していないこと，②最適に機能していること，③平均的に機能していること，④家族メンバー間の相互作用によって家族ライフサイクルの変化に適応していけること，という4つの基準を挙げている。「アブノーマルな家族」の単純な対義語が「ノーマルな家族」ではないこと，安定した状態を保ち変わらないのが望ましいのではないこと，ひとたび作り上げた安定状態がずっと続くのではなく，個人と家族の発達を促進するような変化を幾度となく遂げていくのが家族なのだということ，といった考え方が読みとれるだろう（表2-1）。

　心理的に健康な家族とそうでない家族を識別し，その差がどこにどのように存在するかを詳細に検討することは，家族の研究としても大事なテーマであり，家族を理解し援助する上でも，欠かすことができない。とりわけ家族療法や家族システム論に基づいた家族援助にとっては，その指針を決める重要な出発点となる。臨床実践上の必要性にも促され，健康な家族とは何かをめぐる議論や実証研究が1970年代以降，盛んに行われた。中でも有名な

2-1 家族の健康性をめぐる実証研究　　19

表 2-1　個人・家族のライフサイクルと発達課題

個人のライフサイクルと発達課題		家族のライフサイクルと発達課題
Erikson 1963/1997	Levinson 1978/1996	McGoldrick, Carter, & Garcia-Preto 2011
1. 乳児期 　基本的信頼 vs 不信		
2. 幼児期初期 　自律性 vs 恥・疑惑		
3. 遊戯期 　自律性 vs 罪悪感		
4. 学童期 　勤勉性 vs 劣等感		
5. 青年期 　同一性確立 vs 　拡散	1. 成人前期へ 　の移行期 　自律性の発達	
6. 成人前期 　親密性 vs 孤立	2. 暫定的成人 　期 　親密さと職業 　的同一化	Ⅰ. 家庭からの出立：情緒的・経済的責任受容 　a. 源家族からの自己分化 　b. 親密な仲間関係の発達 　c. 経済的・職業的自己確立 　d. コミュニティと社会での自己確立 　e. スピリチュアリティ？
7. 成人期 　世代性 vs 沈滞	3. 30 代への移 　行期 　生活構造の改 　善・是正	Ⅱ. 結婚／結合による家族形成：新システムへの関与 　a. パートナー・システムの形成 　b. 新たなパートナーを包含するために拡大家族，友人，コミュニティ，社会システムとの関係の再編成
	4. 定着 　関係の深化 　長期目標の追 　求	Ⅲ. 幼い子どものいる家族：システムの新メンバー受容 　a. 子どもを包含するカップル・システムの編成 　b. 子育て，家計，家事の協働 　c. 親と祖父母の子育て役割を含む拡大家族との関係の再構築 　d. 新たな家族構造と関係を包含するためにコミュニティと社会システムとの関係の再編成
	5. 人生半ばの 　変わり目 　抱負と状況と 　の調和	Ⅳ. 青年のいる家族：子どもの自立と祖父母のもろさを許容する家族境界の柔軟性 　a. システムの出入りを青年に許容する親／子関係への移行 　b. 中年期カップル関係とキャリア問題への再焦点化 　c. 老年世代のケア 　d. 新たな関係パターンの形成に移行していく青年と親を包含するためにコミュニティ，社会システムとの関係の再編成
	6. 再安定化 　優先事項の再 　設定・再整理	Ⅴ. 子どもの出立と中年期の継続：システムへの多くの出入りの受容 　a. 二人カップル・システムの再編成 　b. 両親と成人した子どもの大人同士の関係の発達 　c. 血縁や孫を含む関係の再構築 　d. 家族関係の新たな構造と布置を包含するためにコミュニティと社会システムとの関係の再編成 　e. 育児責任からの解放による新たな関心／キャリアの探索 　f. 両親（祖父母）のケア，障害，死への対応
8. 老年期 　統合 vs 絶望	7. 老年期 　老い・病気・ 　死への取り組 　み	Ⅵ. 中年後期の家族：世代役割移行の受容 　a. 身体の衰えに直面し，自分自身と／あるいはカップルの機能と関心の維持─新たな家族役割，社会的役割の選択肢の探索 　b. 中年世代のより中心的役割取得の支持 　c. この段階の家族関係パターンの変化をコミュニティと社会システムが受けとめられるようシステムを再編成 　d. システム内に長老の知恵と経験を包含する場の形成 　e. 過剰機能しないで老年世代を支持
9. 老年的超越 　前進 vs 諦め		Ⅶ. 人生の終末を迎える家族：限界と死の現実の受容と人生の一つのサイクルの完結 　a. 配偶者，子ども，仲間の喪失への対応 　b. 死と継承への準備 　c. 中年と老年世代間の養護における予備的役割の調整 　d. 変化するライフサイクルの関係を受けとめるようコミュニティと社会システムとの関係の再編成

（個人の列は Erikson, E. H. に 9 の Erikson, J. M. を追加し，Levinson, D. J. と合わせたもの。家族の列は McGoldrick, Carter, & Garcia-Preto の平木訳である。）

ものに，夫婦家族システムの円環モデル，ビーバーズシステムズモデル（Beavers & Voeller, 1983），マクマスター家族機能モデル（Epstein et al., 1978）等がある。

夫婦家族システムの円環モデル

オルソン（Olson et al., 1979）とその研究グループは，理論と実証研究と臨床実践の 3 領域に役立つモデルとして，夫婦家族システムの円環モデルを提唱した。そこでは，家族機能の最適さを決める次元として「凝集性」と「柔軟性」という 2 つを想定している（図 2-1）。

凝集性とは，家族メンバー相互の情緒的・心理的結びつきの様態を意味し，一人ひとりがばらばらな遊離状態から，お互いに過剰に影響を与え合うほど強く絡み合った過度な結合状態までの 5 段階に分けられる。他方，柔軟性は，夫婦や親子が状況的・発達的危機に臨んで家族の構造や役割やルールを臨機応変に変化させられる程度のことで，容易に変化してしまう過度に柔軟な状態から変化することが非常に困難な硬直状態までの 5 段階に分類される。凝集性・柔軟性の 2 次元を独立した直交軸ととらえ，2 軸による直交座標上に各家族の得点をプロットすると，家族の位置が定まる。凝集性・柔軟性ともに，低すぎても高すぎても望ましくなく，中央寄りの得点を示すとき，家族はバランス状態となり最適に機能するという仮説に基づいている。オルソンは，座標の中央寄りの家族をバランス群，ついで中間群，最も周辺部に位置する家族を極端群と命名した。

表 2-2 に，2 軸を測定する項目のいくつかを挙げておこう。オルソンらが開発した FACES Ⅲ を和訳して作成された家族機能測定尺度（草田・岡堂，1993）は，20 という少ない項目の測定

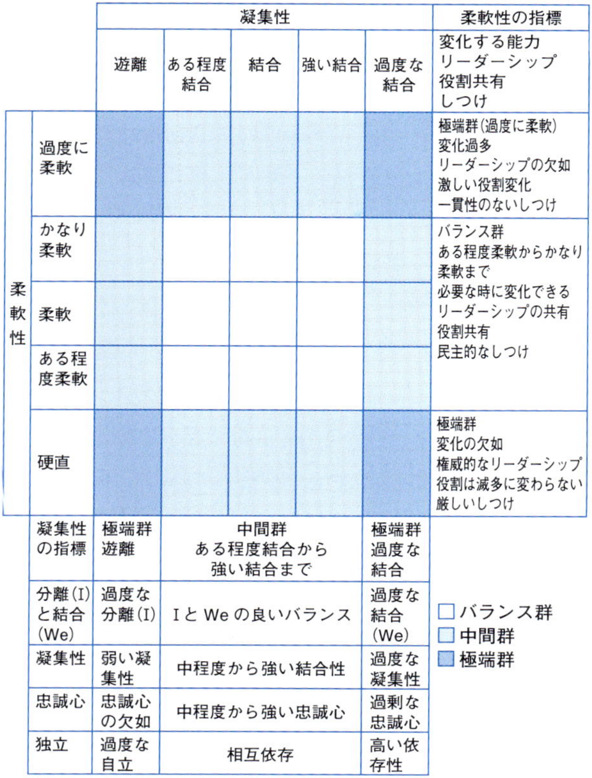

2-1 家族の健康性をめぐる実証研究

		凝集性					柔軟性の指標
		遊離	ある程度結合	結合	強い結合	過度な結合	変化する能力 リーダーシップ 役割共有 しつけ
柔軟性	過度に柔軟						極端群(過度に柔軟) 変化過多 リーダーシップの欠如 激しい役割変化 一貫性のないしつけ
	かなり柔軟						バランス群 ある程度柔軟からかなり柔軟まで
	柔軟						必要な時に変化できる リーダーシップの共有 役割共有 民主的なしつけ
	ある程度柔軟						
	硬直						極端群 変化の欠如 権威的なリーダーシップ 役割は滅多に変わらない 厳しいしつけ
凝集性の指標		極端群 遊離	中間群 ある程度結合から強い結合まで			極端群 過度な結合	
分離(I)と結合(We)		過度な分離(I)	IとWeの良いバランス			過度な結合(We)	
凝集性		弱い凝集	中程度から強い結合性			過度な凝集性	
忠誠心		忠誠心の欠如	中程度から強い忠誠心			過剰な忠誠心	
独立		過度な自立	相互依存			高い依存性	

□ バランス群
□ 中間群
■ 極端群

図 2-1　夫婦家族の円環モデルに基づくカップル・家族マップ
(Olson & Gorall, 2003)

表 2-2　家族機能測定尺度（草田・岡堂，1993）からの項目の抜粋

- 私の家族は，みんなで何かをするのが好きである。
- 私の家族は，困った時，家族の誰かに助けを求める。
- 私の家族では，家事・用事は，必要に応じて交代する。
- 私の家族では，子供の言い分も聞いてしつけをしている。
- 家族の決まりは，必要に応じて変わる。

によって家族の特徴がよくとらえられ，実施も簡便なことからわが国では多くの実証的研究が行われてきた。

ビーバーズのモデル

　精神科医のビーバーズら（Beavers & Voeller, 1983）は，臨床的知見をなるべくたくさん反映させた，実用性の高い家族の健康度のモデルを提唱したいと考えた。そこで彼らは，統合失調症の患者がいる家族から，特には問題を抱えていない非臨床群の家族まで様々な家族を対象に，家族メンバー間の相互作用を録画・録音して観察・分析し，そのデータをもとにして図2-2に挙げるモデルを考案した（ビーバーズシステムズモデル）。

　縦軸は家族スタイルの軸で，遠心的・混合・求心的スタイルの3段階に分かれる。横軸は家族の病理性の軸で，相互作用を観察して病理性をその特徴から5段階の程度に分類した。2軸が作る平面上のどこに位置づけられるかによって，子どもたちが呈する臨床的諸問題がおおよそ決まるとビーバーズは考えた。

　さて，ここでいう遠心的・求心的家族スタイルだが，これはドイツの精神科医スティアリン（Stierlin, 1973）が，青年が家族から独立する過程を観察する中で見出した概念である。遠心的スタイルの家族では，家族の内外を分かつ境界が薄く，メンバーを家族内でサポートする力が弱い。青年は自分から家族の外に出ていくか，厄介者扱いされた末に家族外へ押しやられ，未熟な状態のまま家を離れていってしまう。その結果，凝集性の高い外の集団に仲間入りしてそこで擬似家族体験を味わったり，同世代の友人と徒党を組んで非行に走る，窃盗や器物破壊等の問題行動を起こしたりすると考えられている。

　他方で求心的スタイルの家族では，家族の内外を分かつ境界が

2-1 家族の健康性をめぐる実証研究

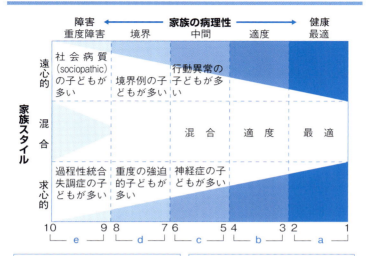

e. 貧弱な境界，混乱したコミュニケーション，注視先の共有のなさ，ステレオタイプな家族のプロセス，絶望・皮肉・アンビバレンスの否認が認められる。

a. ネゴシエーションが上手。個々人の選択とアンビバレンスが尊重されている。あたたかみ・親密さ・ユーモアが認められる。

d. カオスから専制的コントロールへの移行。
貧弱〜厳格でバラバラな境界。抑うつ・突発的な怒りが認められる。

b. 比較的明瞭な境界。しぶしぶながらアンビバレンスが心の痛みと共に認められる。あたたかみが感じられることがある。コントロールをめぐる葛藤が認められる。

c. 比較的明瞭なコミュニケーション。愛ゆえのコントロールを体現しようという努力・怒り・不安・抑うつはそれなりに制限されている。

図2-2 ビーバーズの家族システムの健康度のモデル
(Beavers & Voeller, 1983)

厚く頑強で，メンバーを内に押し留めようとする力が強い。そのため，青年たちの自立は容易に許されずなかなか実現しない。家族の外の世界との交流が限られてしまう結果，家族は閉鎖的な集団となり，神経症的な問題を呈する子どもが現れやすいと考えられている。

マクマスター家族機能モデル

カナダのエプスタインら（Epstein et al., 1978）は，システムズアプローチに基づき，家族の主要な機能は，生物的心理的社会的なレベルで家族メンバーの発達を支えることであると考えた。そして，この機能を満たしていく中で，家族は以下の3つの領域における課題に対処しなければならない。第1の領域は，家族が生活していくために欠かせない食事，お金，住居などの基本的課題である。第2の領域は，時間の経過と共に様々な段階を経て成長していく個人と家族の発達的課題である。第3の領域は，疾病，事故，転職，失業などの危機的課題への対処である。

これら3つの領域に関わる課題に対処していく上で，家族の重要な機能が6つある（マクマスター家族機能モデル：表2-3）。第1次元の問題解決は，道具的問題や情動的問題を効果的に解決する家族の力である。第2次元のコミュニケーションは，家族の言語的なやりとりのパターンで，直接的で明瞭なコミュニケーションが効果的な機能を反映しているとされる。第3次元の役割機能は，養育やサポートなどの家族機能を果たすような家族メンバーによる行動パターンであり，家族の誰かに過度な負担がかかることなく役割責任が明確であることが重要であるとされる。第4次元の情動的応答性は，家族がお互いに情緒的に応答し合える範囲である。第5次元の情動的関与は，家族が一人ひとりの家族メ

2-1 家族の健康性をめぐる実証研究

表 2-3　マクマスター家族機能モデルにおける 6 つの次元の概念
(Epstein et al., 1978)

第 1 次元　問題解決：道具的問題と情動的問題
1. 問題の同定
2. 適切な人と問題について話し合う
3. 代替案を考える
4. 1 つの代替案に決定する
5. 行為に移す
6. 行為をモニタリングする
7. 成功の評価

第 2 次元　コミュニケーション：道具的領域と情動的領域
1. 明瞭で直接的
2. 明瞭で間接的
3. 隠されていて直接的
4. 隠されていて間接的

第 3 次元　役　　割
1. 道具的：資源の提供
2. 情動的：養育とサポート・成人の性的充足
3. 混合的：生活スキルの発達・システムの維持と管理

第 4 次元　情動的応答性
1. 幸福の感情（愛情・喜び・心配など）
2. 緊急時の感情（悲しみ・恐れ・怒りなど）

第 5 次元　情動的関与
1. 関与の欠如
2. 感情抜きの関与
3. 自己愛的な関与
4. 共感的な関与
5. 過剰な関与
6. 共生的な関与

第 6 次元　行 動 統 制
3 つの状況（危機的状況・心理的な欲求や動因の表出・家族内外での対人的社会行動）
許容しうる行動の基準と寛容度のスタイル
1. 硬直
2. 柔軟
3. 放任主義（基準なしなど）
4. カオス（スタイル 1～3 を行き当たりばったりで実行する）

ンバーに関心を持ち価値を置く程度で，関心の欠如から極度の関与までの範囲の中で，共感的関与が最も効果的であるとされる。第6次元の行動統制は，家族によって決められる基準やルールであり，状況に即した合理的で柔軟な行動統制が最も効果的であるとされている。

2-2 家族の発達

　家族を発達していく全体とするとらえ方は，家族社会学の中で最初に生まれた。システムとしての家族の理解が浸透するにつれて，心理学においても家族の発達を個人の人生周期（ライフサイクル）になぞらえて，結婚による家族の誕生から死までの一生と理解する家族ライフサイクル論が論じられるようになった（表2-1）。

　個人のライフサイクルに発達段階と発達課題の理解が欠かせないように，家族のライフサイクルも，いくつかの発達段階を設定し，各段階で解決することが望まれる発達課題を複数想定している。それぞれの発達課題の達成は，次の発達段階への円滑な移行をもたらし，達成し損ねたり不十分だったりする場合は，その後の発達段階で何らかの問題発生につながる可能性があると考えられている。発達段階の移行期は，それまでの安定状態が崩れて別の安定状態が模索される流動期にあたり，家族が崩壊する危険性と成長の機会になりうる可能性の両方を持った発達上の危機となる。発達という観点を導入すれば，家族の健康性とは，内外の変化・不変化の力を上手く調整し，大小様々な危機を乗り越えてきたシステムのことだととらえることができるだろう（表2-4）。

子どもがいる家族の7つの発達段階

2-2 家族の発達　　27

表 2-4　家族が直面する危機

危機（crisis）とは

それまでの対処の仕方や資源の活用では乗り越えられないような，様々な出来事や変化に直面すること。

危機＝危険＋機会

危機によって，その人や家族がうまく機能できなくなったり，関係がひどく悪化してしまう危険性がある一方で，その困難を乗り越えることによって，人や家族がより成長する機会にもなりうる。危機を乗り越えるためには，それまでとは異なる何らかの変化が必要。

発達的危機 （developmental crisis）	状況的危機 （situational crisis）
ライフサイクルの移行に伴う変化とストレス	家族内外で生じた偶発的な出来事に伴う変化とストレス
平均的な多くの家族が直面する危機	ごく一部の家族が直面する危機
ある程度予測することは可能	予測は不可能
結婚，出産，子どもの成長，加齢に伴う変化などによる	家族の急死，事故，慢性疾患，失業，自然災害，犯罪被害，自殺など
家族だけの力で乗り越えていくことが可能だが，うまくいかないと問題・症状の発現につながる	周囲から理解されにくく，家族だけの力で乗り越えていくことは容易ではない。様々なサポートが必要

28　　　　　　　　　　2章　家族の健康性とは

　昨今では結婚しないという選択をする人や子どもがいない（もたない・生まれない）夫婦も少なくない。離婚や再婚を経験する家族等，現代の多様な生き方を反映するならば，それぞれの生き方に沿った複数のライフサイクル論が用意されなければならない（表 2-5）。ここでは多数派の生き方を反映するものと断った上で，「一組の男女が子どもとともにつくる家族」の 7 段階からなるライフサイクルを紹介する（表 2-1 参照）。7 つの発達段階は，「家族の形成期」「家族の発展期」「家族の収束期」というさらに大きな 3 つの時期に分けることができる。

　まず「家族の形成期」は，結婚前の成人期と新婚期からなる。一般的には，結婚によって家族形成がスタートすると考えられているが，実は，独身の時代にすでにその準備が始まっており，その後のライフサイクルの段階に大きな影響を及ぼすのである。

　続く「家族の発展期」は，子どもの誕生と成長に伴って家族が拡大・発展する充実期である。子どもの出生から末子の小学校入学までの時期，子どもが小学校に通う時期，思春期・青年期の子どもがいる時期の 3 つからなる。夫婦は互いに力を合わせて，子どもの養育という一大事業に取り組んでいく。核家族化や少子化に加え，地縁・血縁サポートネットワークの弱体化という社会の大きな変化を受けて，子育てをサポートしてくれる援助者が身近にほとんど得られない状況で，孤軍奮闘する夫婦も少なくない。育児不安や育児ノイローゼ，児童虐待など，子育てをめぐる臨床的問題やセックスレスなどの夫婦関係の問題が頻発する時期でもある。夫婦で協力して子育てをすることの重要性が認識されながらも，その負担が妻の方により多くかかりがちであることが指摘される一方，子育てに積極的に関わる父親のパタニティ・ブルー

2-2 家族の発達

表2-5 離婚家庭と再婚家庭の発達課題

段階	課題	移行への必要不可欠な態度と発達的な問題
離婚	離婚の決意	結婚生活における自分自身の責任を受容すること
	システム解消の計画	●監護，訪問，経済的な問題に協力して取り組むこと ●離婚について拡大家族と話し合うこと
	別居	●家族の喪失を悼むこと ●子どもに対する親としての協力関係を続けること ●配偶者に対する愛着を解消すること
	離婚	●情緒的な離婚：傷つき，怒り，罪悪感を克服すること ●結婚生活における希望，夢，期待を取り戻すこと ●拡大家族とのつながりを保ち続けること
離婚後家庭	ひとり親	●経済的な責任を持ち続けること ●元配偶者と親としての接触を保つこと ●子どもと元配偶者やその家族との接触をサポートすること
再婚	新たな関係に入ること	前の結婚の喪失から回復し，曖昧さと複雑さに対処する準備をしつつ，結婚して家族をつくることに再びコミットすること
	新たな結婚生活と家族	●新しい家族を作ることに対する自分自身，新しい配偶者，子どもの恐れを受容すること ●以下の事柄に関する複雑さと曖昧さに適応するために時間と忍耐が必要であることを受容すること 1. 様々な新しい役割 2. 境界：空間，時間，家族の一員であること，権威 3. 情動的問題：罪悪感，忠誠心の葛藤，相互性への欲求，未解決の過去の傷つき
	再婚と家族の再構成	●前の配偶者に対する愛着を解消すること ●それまでとは異なる家族モデルを受容すること ●すべての子どもたちがすべての親，祖父母，拡大家族と関われる機会を作ること
	将来のライフサイクルの移行における再婚家庭としての再交渉	●それぞれの子どもの卒業，結婚，死別，病気に伴って変化すること ●それぞれの配偶者の新たなカップル関係，再婚，転居，病気，死に伴って変化すること

注：McGoldrick et al.（2016）は，変貌する社会の中で家族がますます多様化している現実を重視し，離婚から再婚に至るプロセスを離婚－再婚サイクルとしてまとめた。

という新たな問題も認識されるようになっている。

「家族の収束期」は，子どもの巣立ち期と老年期の家族の2つからなる。最も成熟した家族のステージとも言われる。一方で，メンバーが喪失という課題や孤独感，抑うつ感と向かい合う厳しい発達段階でもある。ちなみに，わが国の自殺者の4割は高齢者が占めている。超高齢化社会に生きる私たちにとっては，老年期の家族や個人の QOL（quality of life；生活の質）を誰がどう支えていくかという問題に取り組むことが，何より急務と言えるだろう。

2-3　統合的な家族理解に向けて──問題と資源の包括的把握

1990年代に入ると，家族心理学・家族療法は，欧米諸国に留まらず様々な文化圏へと波及・浸透していった。家族形態の多様化がますます進んだ時代でもあり，加えて，他の文化では，異なる価値観に基づく異なる家族関係の理想や調和・安定のはかり方があるという事実が人々の目によく見えるようになった。それまでは，家族療法の各流派によって別々に探求されてきた家族理解の視点を，統合・包括しようという動きが生じたこともその発展に一役買っている。既存の病理論にあてはめて問題から家族をとらえる傾向を改め，資源や資質や強さにそれまで以上に関心を向ける必要性が説かれるようになった。家族と相互影響関係にある諸要因をなるべくたくさん盛り込んだ，統合的モデルの考案が目指されるようになったのである。

個人と家族にふりかかるストレスの流れ図

多世代家族療法家のマクゴールドリック，プレトとカーター（McGoldrick, Preto, & Carter）は，統合的視点を反映した包括的モデルの一つとして，個人と家族にふりかかるストレスの流れ図

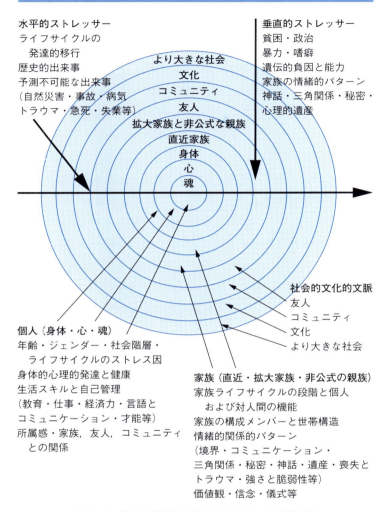

図 2-3 個人と家族にふりかかるストレスの流れ図
(McGoldrick et al., 2016)

を提唱した（図2-3）。家族とその中で生きる個人にふりかかる
ストレスを，家族や個人に内在する資質のレベルから，家族が置
かれた社会・文化からの影響のレベルまで，様々な要因が複雑に
絡まりあった関数ととらえている。そして，どの影響も過小評価
や割愛をせず，考慮に入れる方向を目指している。

　図2-3によると，個人は中央の3層からなる同心円で表され，
身体・心・魂からなる。個人を取り囲むより大きなシステムは，
直近家族，拡大家族，友人やコミュニティ，文化，より大きな社
会と相互に影響を及ぼし合いながら，矢印の方向に時間軸上を旅
していく存在と理解することができるだろう。影響はプラスのも
のもあれば，マイナスのものもあるが，自分の周りの大小様々な
システムから受けるマイナスの影響を垂直的要因と呼ぶ。遺伝的
な能力や負因といった個人の資質の違いに始まり，家族レベルで
は，情緒パターンや暴力・嗜癖の有無が，拡大家族のレベルでは
家族神話や家族の秘密・心理的遺産等が垂直的要因の中身として
挙げられる。

　縦方向からかかる様々な荷物を背負った個人が，時間軸上を旅
する中で遭遇する道のりのでこぼこが，水平的要因である。平均
的な家族が経験する危機としては，先述したライフサイクルの移
行に伴う発達上の変化がある。家族ごとの差が大きな水平的要因
としては，不慮の死，慢性疾患にかかること，事故，失業といっ
た予測不可能な危機が挙げられる。自然災害等，ある時期，その
地域や文化に暮らす家族がこぞって経験するストレスも予測不可
能な危機の一つと考えられるだろう。

　垂直的要因と水平的要因の両方が高ければ，その家族や個人が
不適応に陥る可能性は高く，また両方が低ければ，健康を保つこ

2-3 統合的な家族理解に向けて

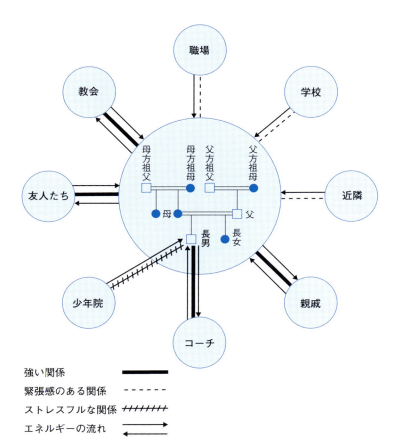

強い関係　　　　　　━━━━
緊張感のある関係　　- - - - - -
ストレスフルな関係　╫╫╫╫╫╫╫
エネルギーの流れ　　⇄

図 2-4　エコマップ（Goldenberg & Goldenberg, 2004）
個人と家族にふりかかるストレスを理解する方法に，エコマップ，ジェノグラム（図 7-12 参照）等がある。

とが比較的容易なのは，ある意味，当然の結果と考えられるのではないだろうか。垂直的要因が小さければ多少の時間軸上のでこぼこは破綻なく乗り越えられるかもしれないし，垂直的要因が高い場合は，なるべく平坦な道を選ぶか，ふりかかるストレス量の軽減を図ることが求められるだろう。

参 考 図 書

平木 典子・柏木 惠子（編著）（2015）．日本の親子──不安・怒りからあらたな関係の創造へ──　金子書房

　子育て，母親と父親の発達，成人した子どもと親など，生涯にわたる親子関係と，そこで生じる臨床的な問題について取り上げられている。

中釜 洋子・野末 武義・布柴 靖枝・無藤 清子（2008）．家族心理学──家族システムの発達と臨床的援助──　有斐閣

　前半では，一般システム理論や家族を理解する上での鍵概念について触れた上で，家族ライフサイクルにおける各段階の発達課題についてより詳しく述べられている。後半では，家族が遭遇する様々な臨床的問題とその援助法について解説されている。

立木 茂雄（2015）．家族システムの理論的・実証的研究（増補改訂版）──オルソンの円環モデル妥当性の検討──　萌書房

　円環モデルの妥当性の検討や，円環モデルに基づいた家族システム測定尺度作成についてのわが国における実証研究を読むことができる。後半では，高校生の自我同一性や無気力傾向，中学生の登校ストレス，アルコール依存，災害ストレスといった臨床的トピックと結びつけて論じられている。

家族づくりの準備

　広い意味で，人は生まれたときから自分の家族づくりに向かって発達・成長していると考えることができる。ただ人は，他の動物のように生殖が可能になると子孫を残すための家族づくりをすぐに始めることはほとんどない。加えて人は，他の動物と異なり，夫婦（つがい）になることを選んでも，必ずしも父母になることを選ぶとは限らない。

　人の家族づくりは，1，2章でも述べた社会的要因や青年の身体と心の発達のアンバランス等によって，複雑な過程を辿る。また，健康な家族づくりのためには，一人ひとりが健康な発達を遂げていくことが望ましいが，同時に，人が健康に発達するためには，家族や社会がある程度健康な環境を提供する必要がある。

　本章では，人がその発達のプロセスで，いつ頃から，どのように家族づくりを決め，その準備を始めるのかを考えていくことにしよう。

3-1　人の発達と家族づくりの準備

　人は生物的・心理的・社会的な存在として生涯にわたって一定の段階を経て発達し，各段階には達成可能な**発達課題**があるとされている。

　人の一生で，家族づくりは非常に重要な発達課題の一つであり，2章で取り上げたように，子どもは親の家族ライフサイクルに同調しながら，他方では個人として自分自身の家族づくりの準備を進めていると考えることができる。2章**表2-1**の左端の列には，「個人レベルの課題」が簡単に記されているが，本章では特に第5段階に焦点を当てながら，個人の発達のプロセスで家族づくりの準備がどのように進められるかを考える。

　2章**表2-1**左端の列で示された子どもの課題は，エリクソンの「パーソナリティの心理・社会的発達の漸成理論」（2001）によると，それぞれの段階における発達課題と特徴として**表3-1**のように示されている。

　人は，乳児期・早期幼児期・幼児期・学童期を経て青年期に達する。思春期に始まる青年期は，一般に身体の発達に伴って男女の区別が明確になる時期であり，この生理的・身体的変化は子どもが親になる可能性を知らせてくれる。家族づくりの準備は，生理的にはこの時期に始まると考えることができるだろう。

　しかし，人の子どもが家族づくりを始めるには，身体的発達だけでは不十分である。人が家族づくりを始めるまでには，精神的にも経済的にも自立する必要があり，そのプロセスは若い成人期まで続く。男女は性的，心理的，社会的自立を目指しながら，配偶者選択に臨む。以下，思春期・青年期・若い成人期を通じて行われる家族づくりの準備とはどんなことか，考えていくことにし

3-1 人の発達と家族づくりの準備   37

表 3-1 ライフサイクルのそれぞれの段階での発達課題とその特徴

(前田, 1985；エリクソンの表を前田が加工したものに平木がIXを追加。IXはエリクソン & エリクソン, 2001)

	発達段階	対人関係	心理・社会的危機		心理・社会的様式
I	乳児期 (～1歳)	母性	信頼感↔不信感	< 一極性 早熟な自己分化	希望, 依存 (安心, 確信をもちたい)
II	早期幼児期 (1～2歳)	母	自律性↔恥 疑惑	< 両極性 自閉	意志, 独立 (うまくやりたい)
III	幼児期 (2～6歳)	母・父	積極性↔罪悪感	< 遊戯同一化 (エディプス) 空想同一性	目的・役割 (どんな役割をもてばいいのか) まねる
IV	学童期 (6～12歳)	教師 友人	生産性↔劣等感	< 労働同一化 同一性喪失	知識：技術 (作りたい：学びたい)
V	青年期 (12～20歳)	父・母 教師・友人	自我同一性 ↔同一性拡散	• 自己確信 役割実験 達成の期待 性的同一性 • 同一性意識・否定的同一性・労働麻痺・両性的拡散	自分の自覚 (主体性の確立) 自分になりきる
VI	若い成人期 (20歳代)	妻 友人	親密さ↔孤立	< 連帯 社会的孤立	愛する, 自己を見失い発見する
VII	成人期 (30歳代)	妻・友人 子	生殖性↔沈滞		いつくしむ 世話する
VIII	おそい 成人期 (40歳代)	人類	統合性↔絶望		あるがままに存在する, 英知
IX	老年的超越		前進↔締め		深く関わりつつ, 関わらないこと

3-2 思春期・青年期と家族

2章表2-1を見ると，子どもの思春期・青年期は父母の中年期に当たる。つまり，親は家族のライフサイクルの第5ステージを迎えており，その時期の家族の発達課題は，子どもの自立と祖父母のもろさを許容する家族境界の柔軟性の確立であり，①家族の出入りを青年に許容する親／子関係への移行，②中年期のカップル関係とキャリア問題への再焦点化，③老年世代のケア，④新たな関係パターンに移行していく青年と親を包含するためのコミュニティと社会との関係の再編成，が含まれる。

一方，青年期の子ども自身の発達課題は，自我同一性（アイデンティティ）の確立——自分とは何者かを探り，心理的に自立すること——である。家族づくりの準備には，「青年の心理的自立」と家族の発達課題①の「青年の出入りを許容する柔軟な家族境界」が密接に関わっている。これらの課題の関連について，特に「青年期の子どもが家族への出入りを自由にできるための親子関係の変化」とはどういうことか考えてみよう。

思春期の発達課題と家族

11〜14歳（小学校高学年から中学生）で思春期を迎える子どもは，第2次性徴と呼ばれる身体的・生理的変化により，男女の違いを意識するようになる。生殖可能となる身体の成長は，同時に性差による役割・機能の違いを認識することにもなる。

まず，思春期の子どもたちは，同性・同年齢の仲間との遊びや情報交換を活発に始める（図3-1）。彼らはそこで自己の性と相互の性意識を確かめ，その証として仲間文化を創造し，それに同

3-2 思春期・青年期と家族

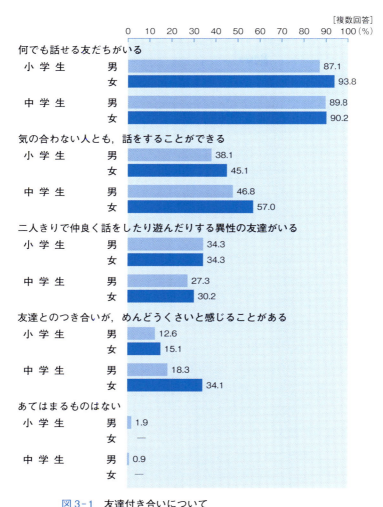

図 3-1　友達付き合いについて
（内閣府「平成 24 年版子ども・若者白書」より作成）

化していく。この仲間意識の共有は自己の性の受容を促進し，いわゆる**性同一性**（男／女どちらかの性であること）の確認になる。思春期に始まる自他の照合・確認は，自己信頼の基礎でもあり，この段階を経て，やがて異性への関心も高まっていく。

　子どもの家族外との積極的な接触・交流は，異文化との出会いでもある。時に，自分の家族文化と他者のそれとの落差に戸惑い，同化を恐れ，また傷つくことも少なくない。他方で，子どもは持ち物や言葉づかいなど様々な仲間文化を持ち帰り，家族に受け容れられるかどうかを確かめながら，異文化への適応を試みる。子どもが葛藤を抱え，あるいは傷ついて帰ったとき，家族は安息と癒しの場を用意して迎え入れ，再び出会いの場へ送り出したいものである。思春期の子どものいる家族は，ベースキャンプ（基地）としての機能を果たすことが求められるのである。

　しかし，家族にとって，子どもの友だち優先の言動表現や異文化の持込みは家族文化への挑戦や反抗とも受け取れ，また，安息の要求は身勝手に映る。家族はその対応に困惑し，慰めが必要なときに放任し，解放すべきときに抱え込んでしまうことがある。

　思春期の子どもたちの一見矛盾に満ちた言動は，成長のための正常なあがきであり，家族はその矛盾に振り回されることなく，状況に応じて柔軟に対応することが肝要である。

　家族境界の拡大とは，子どもが持ち込む異文化を家族が適切に受容し，家族の一員としても，社会の一員としても，子どもが護られ，また動ける場の再編成をすることである（図3-2）。

青年期の発達課題と家族

　子どもは**青年期**以前の**学童期**に，学校教育の中で，いわば「働く人」としての知的・技術的準備訓練を受けて有能感を体験し，

3-2 思春期・青年期と家族　　　41

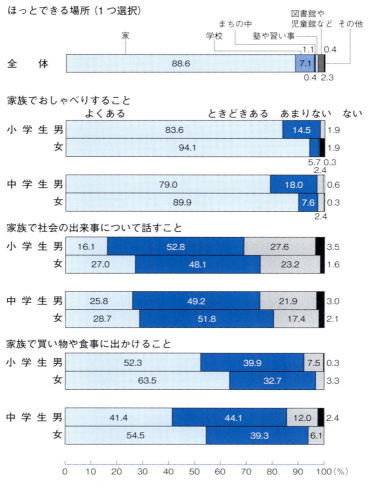

図 3-2　青少年（小・中学生）のふだんの生活について
（内閣府「平成 24 年版子ども・若者白書」より作成）

勤勉性・生産性を獲得する。学童期は**性的潜伏期**とも呼ばれ，幼児期に示された性差への関心は一時遠のき，生のエネルギーはもっぱら勤勉性へと向けられる。いわば，経済的自立と他者のケア能力の確保への第一歩を踏み出すのである（図 3-2 参照）。

　ところが，青年期の身体の変化は，性的な衝動・異性への関心を活性化させる。青年は，異性を親密な交際や性的欲求充足の対象として意識し始め，様々な関わりを求めるようになる。中には，特定の異性の友人と積極的な交流を始める青年も出現する。

　一方，多くの青年は，性に伴う精神的・社会的課題にも気づくようになり，男性・女性として親になり，人間として次世代を生み育てる準備が必要なことを予感する。つまり，家族づくりや職業選択など将来を展望した生活を迫られるようになる。

　その予感は，知的能力・現実検討能力の発達にも支えられて，まず，社会正義や倫理に対する敏感な反応，社会における役割機能や不公平への疑問となって表現される。特にそれまで役割モデルであった身近な親や大人の矛盾に満ちた言動に気づき，そこに，青年期の子どもと親の葛藤が生まれる。

　さらに青年は，教育のプロセスで自己の能力を自覚し，人間関係の中で自己の位置・特徴等を確かめてきた経験から，自己の限界と可能性にも目覚めていく。挫折を体験し自己不信に陥ったとき，あるいは努力が実って誇らしく思っているとき，ありのままの自己の姿を受けとめてくれる友人との出会いは，深い友情や愛のある関係の出発であり，親代わりとなり得る重要な他者の発見でもある。同時に青年は自分の親離れの課題に直面することにもなる（図 3-3）。

　このような青年の**自立**と**依存**の動きは，自己の存在のあり方

3-2 思春期・青年期と家族

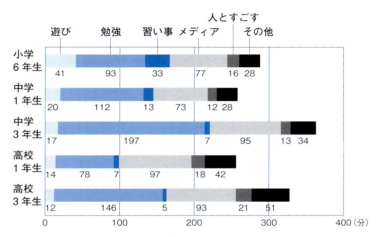

図3-3 放課後の時間の使い方（学年別・24時間中の平均時間）
　　（ベネッセ教育総合研究所「第2回放課後の生活時間調査報告書［2013］」より）
遊び：屋外での遊び・スポーツ／室内での遊び／ゲーム機で遊ぶ。
勉強：学校の宿題／勉強（学校の宿題以外）／学習塾・予備校。
習い事：習い事・スポーツクラブ／習い事の練習。
メディア：テレビ・DVD／本・新聞／漫画・雑誌／音楽／携帯電話・スマートフォン・パソコンなどを使う。
人とすごす：家族と話す・すごす／友だちと話す・すごす。
その他：家の手伝い／買い物／からだを休める／ペットとすごす／アルバイト／その他。

（アイデンティティ）の探索が開始されたことを示している。エリクソンは，青年期は，青年にとって成熟した大人になるまでの自分づくり，親密な人間関係づくりのための準備期間であり，成長に必要な猶予期間（モラトリアム）として位置づけられると述べている。

3-3　アイデンティティ確立のための発達課題

アイデンティティの確立には，次に述べる青年期の2つの発達課題をある程度達成する必要がある。

性的アイデンティティの確立

先に，青年期は男女の区別が明確になる時期であり，それを自覚することで性をめぐる自分探しが始まると述べた。また，青年期初期には，まず子どもたちが同性の友人との交流を通じて自己の性を確かめること，また遊び相手としてだけではなく，自分の内面をより親しく語る相手として同性との支え合いが必要なことを指摘した。青年は，同性と身体的・心理的性同一性を共有し，また異性とは異なった自己の性の特質を受容できるようになってはじめて，それぞれの性に応じた自分づくりに取りかかることができる。

しかし，近年では，身体的性の区別が明確でない，いわゆる半陰陽の人の存在が明らかになってきた。また，自分の現在の性・その性役割に強い違和感・嫌悪感を長期にわたって感じ続ける性同一性障害と呼ばれる心理障害も出現している（Topic 3-1）。身体的に，あるいは心理的に自己の性が不明瞭な人にとって，青年期は混乱に満ちた厳しいものになる。自分が何者であるかを確かめる性の基盤が揺らぎ，しかしそれを確かめる術も公にする勇

Topic 3-1　性同一性障害の診断と治療 (遠藤, 2000)

　性同一性障害は, ①反対の性に対する強く持続的な同一感, ②自分の性に対する持続的な不快感や, その性の役割についての不適切感, ③その障害が身体的半陰陽を伴ったものでない, ④その障害が, 臨床的に著しい苦痛, または社会的・職業的その他の重要な領域における機能障害をひきおこしている (DSM-Ⅳより), 場合にそれと診断される。青年および成人の場合, 自分の第1次および第2次性徴から解放されたいという考えにとらわれ, また自分が誤った性に生まれたと信じるなどの症状で現れる。

　性転換, 性の再指定は, さまざまな観点から慎重に行われる。性転換の外科手術としては, まず既存の生殖器を除去し, 次にほかの身体部分の組織を利用して, 新たな「生殖器」を人工的に作る。しかし, 外科手術以外に, ホルモン治療や, 氏名の変更, さらに心理的適応援助のためのカウンセリングなど, さまざまな側面からの援助が必要である。

　わが国では1998年10月に, 国内初の正当な医療としての性転換手術が行われ, 話題をよんだ。

(写真：Harry Benjamin, 1997 より)

図 3-4　男性から女性へ
性同一性障害だった24歳の男性は, 性転換後女性として再出発した。

気もないまま，ひそかに悩むことになる。LGBT（レズビアン，ゲイ，両性愛，トランスジェンダー）と呼ばれる性志向の人々をマイノリティとして差別や偏見の対象にするのではなく，仲間とアイデンティティを模索したり性転換手術などで納得のいく自己を獲得することが重要である。

　また，青年期には自己の性への疑惑を抑圧することも多く，結婚・出産後に性同一性障害を発見する人もいて，配偶者や子どもとの関係が混乱と苦渋に満ちたものになる場合もある。青年期のアイデンティティ確立には多様性への配慮と受容が重要となる。

　さらに青年は，性的同一化の対象としての親に対して，様々な問を向け始める。生育の過程で押し付けられてきた男あるいは女としての役割モデルにも，無意識のうちに同一化してきたジェンダー意識（差別）にも疑惑を感じ，特に性差別には敏感になる。青年期に同性の親との葛藤が激しくなるのは，生理的・身体的性（セックス）の受容の問題だけでなく，文化社会的に形成される性（ジェンダー）への疑問が提示されるからである。

　性同一性の再構成は，青年期から始まり，就業・結婚・出産等人生の決断の機会に長期にわたって繰り返される。

職業的アイデンティティの確立

　青年期の第2の課題は，「将来働く人」としての成長である。男女共同参画の推進により職業上の男女差別がなくなりつつある現在，自己の適性の発見には性差・ジェンダー意識を含めた自己点検が必要である。職業とは，人間が意味ある何かを追求し，課題を成就したいという欲求を充足させる術であり，同時に家事，育児を専業とすること（主婦・主夫）を含めて，生活を保障する稼得の手段でもある。青年期は，職業選択を展望した教育・訓練

Topic 3-2　スーパー（Super, D. E.）による「キャリア」の定義

　キャリア教育の第一人者であるスーパーは，「キャリア」を以下のように定義している。

1.　人生を構成する一連の出来事。

2.　自己発達の全体の中で，労働への個人の関与として表現される職業と，人生の他の役割の連鎖。

3.　青年期から引退期に至る報酬，無報酬の一連の地位。

4.　その中には，学生，雇用者年金生活者，副業，家族，市民などの役割も含まれる」→「職業的成熟」へ。

（Super, 1976）

Topic 3-3　「キャリア・パスウェイ」という考え方

　「キャリア・パスウェイ」とは，自分のキャリアを選択するための計画過程を8つの要素から考え，自分の特性やリソースを確認する方法のことである。

　8大要素とは，

●スキル……職業・職務・転用できるスキルの確認

●性格……物事への対処の仕方の確認

●興味……好むこと，好まないこと（能力ではない）

●価値観……人の行動を導く信念や思い

●キーパーソン……知ってくれて，生き方に影響を与える人

●仕事／生活・人生経験

●学習経験……教育・仕事などで学んだこと

●キャリア・チャンス……資料・労働市場動向などの検討

のことを言う。

（アムンドソンとポーネル，2005より）

が始まる時期としても重要な意味をもつ。

キャリア・ディベロップメントとは，個人の性格，適性，能力，価値観，人間関係等を総合した選択力の育成であり，生涯にわたる知的・情緒的・社会的成熟のプロセスでもある。青年期の発想の原点であるモラトリアムは，まさに職業的アイデンティティの確立を期待した計らいであり，青年期はキャリアの「選択と決断」のための「猶予期間」でもある（Topic 3-2，Topic 3-3）。

キャリア発達とキャリア選択のプロセスには，陰に陽に親との葛藤，グローバルな社会経済的変化，文化の継承と創造の問題が影響することも指摘しておきたい。

3-4　モラトリアムの意味すること

エリクソンは，大人になるまでに誰にでも必要なこの猶予期間のことをモラトリアムと呼んで，青年期を 12 歳頃から 22 歳頃までとした。青年の身体的・性的成熟は 12，3 歳から始まるが，高度な知識や技術を必要とする産業社会では，心理的・社会的成熟に十分な準備期間を与えようとしたのである。

青年のアイデンティティ確立の作業は，それまで社会の影響を受けながら培ってきた自分というものへの問い直しから始まる。それは，自分の性格，友人関係，趣味，進路，価値観，生き方すべてにわたる点検であり，自分らしい自分を探し，取り戻すために，自己にふさわしいもの，ふさわしくないものの取捨選択が必要になってくる。

とりわけ急速な変化を遂げていく先進工業国では，青年が親や社会に振り回されることなく自己を一貫性のある存在として感じられるようになり，「私は誰か」「私はどんな人になれるのか」と

3-4 モラトリアムの意味すること

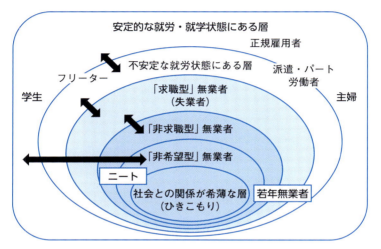

図 3-5 社会経済的な自立支援の対象となる若年層のとらえ方
(社会経済生産性本部「ニートの状態にある若年者の実態及び支援策に関する調査研究報告書」, 2007 より作成)

「求職型」：無業者（進学, 有配偶者を除く）のうち, 就業希望を表明し, 求職活動をしている個人。
「非求職型」：無業者（進学, 有配偶者を除く）のうち, 就業希望を表明しているが, 求職活動はしていない個人。
「非希望型」：無業者（進学, 有配偶者を除く）のうち, 就業希望を表明していない個人。

いう問いに自分なりの答を見出し，「唯一無二の自分」を確認する作業は困難になり，モラトリアムの期間は，30代まで延期されつつある。

アイデンティティ確立の作業は，それ自体自分を見失いかねない，また家族や他者との葛藤を招きかねない，困難で孤独な作業でもある。試行錯誤や孤独に耐えられない若者の中には，取捨選択を他者（親など）に任せ，あるいは回避して今を刹那的に生きる者もいる。これをエリクソンは「同一性拡散」とか「同一性の混乱」と呼んだが，21世紀に入って，自己確認のプロセスを早期に延期あるいは放棄しているかに見える「ニート」と呼ばれる若者たちが出現している（図3-5，Topic 3-4）。

親になるための青年の性的・身体的準備性と心理的・社会的成熟度のバランスの悪さは，青年の行動を葛藤やひずみの多いものにするが，同時に，アイデンティティ確立と拡散の間の揺れを体験すること自体は自己探索に必要な経験だと受け止めて，親を始め社会が支援していく必要がある。

3-5　独身の若い成人期──家族づくりの開始

青年期は，青年とその家族にとって，ライフサイクルにおける最大の動揺期であり，大きな親子関係の変化が起こる危機でもある。危機（crisis）とは，物事が臨界点（critical point）に達した状態を言う。0℃と100℃の臨界点で氷から水，水から蒸気へと形を変えるように，臨界点とは物事がある状態から他の状態へ変わるポイントであり，変化を促す一押しにより危機を脱することができる。同時に，その一押しは，ある状態の崩壊をもたらす方向と更なる成長の方向に作用しうる。青年期の子どものいる家族

Topic 3-4 「ニート」はモラトリアムか？

　ニート（NEET）とは，Not in Education, Employment, or Training の略称で，1999 年にイギリス政府が作成した調査報告書 "Bridging the Gap" で最初に使われた概念である。「16〜18 歳の，教育機関に所属せず，雇用されておらず，職業訓練に参加していない者」と定義された。一方，日本では厚生労働省が「ニートとは 15〜34 歳の非労働力（仕事をしていない，または失業者として求職活動をしていない者）のうち，主に通学も家事もしていない独身者」（2004）と定義した（社会経済生産性本部，2007）。

　ただ，学業や職業についていない若者の中には，選択の自由を行使できる人（仕事以外の関心事を追って無業でいる人，長期旅行者，ボランティア活動に従事する人など）もいる。また，パートタイム労働者として不安定ながらも生計を立てている者（フリーター）や失職しているが求職活動をしている者もいる。とりわけ 21 世紀に入って関心を集めているのは，ニート，非正規雇用・失業・無業の間を行き来する就労者，そして失業というよりは仕事につくことが困難な引きこもりと呼ばれる人々の増加である。その中には，心身の障害や疾病，学校時代のいじめ経験，家庭の貧困や崩壊，ドメスティック・バイオレンス（DV），10 代のシングルマザーなど複合的困難を抱えた若者もいて，それぞれの若者の特徴に応じた支援が必要とされている（図 3-4 参照）。厚生労働省は地方自治体と連携して若者自立塾（2005），サポートステーション（2006）を設置して支援を始めている。

　ニートはエリクソンの言うモラトリアム型の青年期の延長とは異なったタイプの若年無業者である。青年の自立には，個人の問題だけでなく，社会的，経済的，文化的変化を背景にした複雑な状況が深くかかわっており，多くの先進国が抱える若者の問題となっている。

は臨界点の状況にあると考えることができる。

先に，高度の知識や技術を必要とする産業社会では，成人への準備期間が延長される傾向にあると述べたが，その理由の一つが高学歴化である。つまり，青年も家族も臨界点を乗り越えるための緩衝期間を長引かせているのである。エリクソン（1977）は青年期のアイデンティティの確立の後に，成人期の前段階として若い成人期を設け，その課題を「愛すること・親密さ」としたが（表 3-1 参照），日本では，笠原（1977）が青年期特有のうつや神経症が 30 歳前後で消えることに注目して青年期の延長を認め，小此木（1979）は 20 代後半の時期を青年期のモラトリアムを拡張して青年期の遅延と評し，また，山田（1983）はその状態を成熟拒否という観点からとらえようとした（Topic 3-5）。

ここでは個人のライフサイクル上の第 6 ステージに当たる若い成人期を，21 歳頃から 35 歳頃までと見込んでいる。青年期のアイデンティティの確立を経て，真の親密さに至る道が開かれるのである。つまり，個別性の確立・受容と親密な関係への自己投入の両立というパラドックス（逆説）への関与が課題となる。

若い成人期の発達課題

個人のライフサイクル上では，若い成人期の発達課題は「他者との親密な関係の確立」であるが（表 3-1 参照），それは同時に家族のライフサイクル上の第 1 ステージでもある。その発達課題は，家族からの巣立ち，すなわち自分の家族づくりの開始である（2 章表 2-1 参照）。他者との親密な関係の確立とは，重要な他者との関係に自己を投入させつつ，自己を見失わないでいられる能力の発達であり，それには源家族からの自己分化が必要である。自己分化（7 章 p. 132 参照）とは，もともと自己の内的世界の成

Topic 3-5 青年期の延長と青年期に特有の心理障害

　山田（1983）は，青年期の延長・遅延の問題を家族と社会との関係からとらえ，「成熟拒否」と呼んだ。昔から青年は両親の属している集団の価値観や文化を拒否して，いわゆるユースカルチャー（若者文化）をつくり，時代を先取りしようとしてきたが，大人の世界に参入していくプロセスで，個人としても，集団としても大人との葛藤があり，最終的には青年文化と既成文化との統合が行われていく。そこに青年にとって自立の問題が生じ，様々な形で表現される。反社会的と見られるような集団行動をはじめ，個人的には同性・異性の親との葛藤の顕在化，自立を揺さぶる未解決な問題への直面等であり，時に自立を阻害し，また精神障害をもたらすことにもつながる。

　この時期に発症しやすい心理的障害には，先に述べた性同一性障害，自己確立の遅延の他に，摂食障害や引きこもり・無気力症（アパシー）等があり，成熟拒否という形で，青年が危機（ピンチ）を訴えていると理解することができる。女子に多い摂食障害の中の特に拒食症は，食を賭けた自己の性の受容拒否，性・ジェンダーへの問であり，男子に多い引きこもりは，職を賭けた「働く人」（特に男性）に課される異常な期待と成果主義に対する疑問・拒否であり，家族と社会に向けた生命を賭けての訴えと受け取ることができる。

　青年期の心理障害は，成熟過程のノーマルな表現であると同時に，上記の男女の症状の違いに見られるような，時代，社会が抱える問題への鋭い指摘であり，象徴的現象という側面もある。

熟，情緒と知性の分化を意味するが，それがある程度達成できている人は，人間関係において自己と他者への優しさを両立させ，また親密さのパラドックス（Topic 3-6，4章 p. 62 参照）にコミットすることができる。現実の人間関係の中では，親との間に適切な距離を確保して親離れを果たし，次世代を担う仲間から配偶者を選択し，家族づくりに入っていくことになる。また，経済的自立とキャリア選択を達成することも，家族づくりには不可欠である。

家族の発達課題

　一方，子どもの若い成人期は，親世代にとっては「子どもの巣立ちとそれに続く時期」の発達課題をクリアする時期である。家族は，①子どもの巣立ちを受け容れ，再び夫婦として2人システムを再編成し，②成人した子どもとの関係を再構築しながら，③夫婦の親世代（子どもの祖父母世代）の老化・死へ対応することになる。それは，3世代，4世代の親しい人々との関係維持と相互成長，さらに，自己のキャリア・仕事への積極的な関与を意味し，核家族は縮小するが，親密な関係は拡大していくと考えることができる。

Topic 3-6　親密さのパラドックス

　親密さのパラドックスとは，「生まれ育った源家族から自己分化を達成し同時に源家族との間で親密な関係を発展させること」（Bowen, 1978）である。

　ラバーテ（L'Abate, L., 1985）によれば，親密さとは，自分の痛みや傷つくことへの怖れ，弱さ，誤りやすさ，もろさ，愛し愛される人への欲求などを分かち合うことである。それ故に親密さには，以下の3つの逆説が含まれることになる。

1. 人は，他者と接近することができる前に，個人として別の存在である必要がある。

2. 人は，主として愛する人を傷つけてしまう。なぜなら，傷つけることと愛は絡みあっていて，相手が傷つけるときに相手を傷つけ返すほど相手を愛するからである。

3. 人は，傷つけたり傷つけられたりした人から，慰めを得，また，与える必要がある。

　また，『親密さのパラドックス（*Intimacy paradox*）』という本を書いたウィリアムソン（Williamson, 1991）は「我々は情緒的に自由で，自己決定力があることを望んでいる。しかし同時に，自分の考えと気持，信念と価値観，希望と怖れ，財産と家庭生活を親密な関係を持つ重要な他者と分かち合いたいと思う。ここには，矛盾と葛藤が内在する。これは親密さのパラドックスである」と述べている。

参 考 図 書

アムンドソン, N. E.・ポーネル, G. R.　河崎 智恵（監訳）（2005）.
　　キャリア・パスウェイ——仕事・生き方の道しるべ——　ナカニ
　　シヤ出版

　キャリア選択における自分の「原動力」探しを視覚的な方法により，
組織的・計画的に行うためのワークブック。

遠藤 由美（2000）. 青年の心理——ゆれ動く時代を生きる——　サ
　　イエンス社

　青年期における様々な問題にアプローチした初学者向けテキストで
本「ライブラリ 実践のための心理学」の姉妹編である「コンパクト
新心理学ライブラリ」の中の一冊。

鈴木 忠・西平 直（2014）. 生涯発達とライフサイクル　東京大学出
　　版会

　エリクソン（Erikson, E. H.）のライフサイクル論を中心に生涯発達
について総括的に論じている。青年の心理的特質を理解する上で必読
のハンドブック。

夫婦の発達とは

　一組の男女は，何を手がかりに互いを伴侶として選びとり，どのような経緯を辿って2人の関係を深めていくのだろうか。結婚生活に対する期待は，夫と妻とで異なるのだろうか。また，様々な葛藤や問題を乗り越えていける夫婦関係と，慢性的な不満や緊張状態に悩み続けたり，関係を解消する夫婦関係には，どのような違いがあるのだろうか。

　本章では，夫婦関係の形成とその発達に焦点を当てる。夫婦は，家族の核となるサブシステムであり，社会に対しては，経済的一単位として果たす役割，そして，子どもを生み育て社会へと送り出す役割を担っている。現代日本の夫婦関係が抱える問題について，臨床的知見と実証研究の結果を参照しながら考察していこう。

4-1　夫婦の絆づくり

　互いのもののとらえ方や生活習慣を持ち寄って，**夫婦**としての価値観や判断基準を新たに作り上げること，そして，家族づくりの要になることが新婚の2人に求められる（2章**表2-1**参照）。この課題を楽しみながら達成し，実家との関係を再編してパートナーシップを大いに享受する夫婦もいれば，大恋愛を経て結婚したにも関わらず，互いの意見や生活習慣を調整できずに早々と親密さに綻びが生じる夫婦もいる。そもそも，一般的に男性と女性では結婚相手に求める条件や結婚を決める要因が異なっており，この違いをどう共有していけるかが重要になる（**表4-1**，**表4-2**）。夫婦関係の問題や病理をめぐっては，臨床的知見を基に様々なことが言われてきた。神経症的夫婦，愛情飢餓の妻と冷淡な夫といった揶揄的で過度に批判的な物言いも含めて，耳を傾けるべき重要な指摘がいくつかなされている。

夫婦間契約

　サガー（Sager, 1977）は，結婚を決めた男女が密かに，あるいは何らかの言動を通じて相互に抱き合う期待や欲求は一般に理解されている以上にたくさんあると述べ，それを**夫婦間契約**と名づけた。夫婦間契約は，次の3つのレベルに分類される。

　第1のレベルは，当人によって意識され言葉を介して交流された契約である。守ってほしいことや大事にしたい価値観等，比較的明瞭で相互理解となっていることも多いが，反面，一方が語ったのに相手の耳に入らなかったりあえて聞き流されたりする場合もあり，必ずしも合意されているとは限らない。

　第2のレベルは，当人には意識されているが，恥ずかしさや不安・躊躇い等の理由で，相手に伝えられなかった契約である。率

4-1 夫婦の絆づくり

表4-1　結婚相手に求める条件（未婚者，かつ将来結婚したい人。性・年代別）
（内閣府「結婚・家族形成に関する意識調査（平成26年度）」報告書より）

(%)

		N	価値観が近いこと	家事分担	家事や家計をまかせられること	恋愛感情	共通の趣味があること	職種	学歴	金銭感覚	一緒にいて楽しいこと	一緒にいて気をつかわないこと	容姿が好みであること	経済力があること	親が同意してくれること	年齢	自分の仕事を理解してくれること	自分の親と同居してくれること	その他	無回答
全体		(944)	75.6	23.0	19.0	40.9	31.1	10.8	7.1	47.4	74.5	73.5	30.9	32.1	25.8	15.1	34.5	3.7	2.5	6.4
未婚	男性	(428)	72.2	14.7	25.5	34.6	31.1	3.7	3.5	35.3	67.8	65.7	35.3	7.5	11.7	14.3	32.7	4.0	0.7	7.0
	20代	(276)	71.4	12.7	25.4	33.7	30.4	3.6	4.3	30.4	69.9	64.5	34.4	7.2	12.7	12.0	34.4	2.2	0.7	8.0
	30代	(152)	73.7	18.4	25.7	36.2	32.2	3.9	2.0	44.1	63.8	67.8	36.8	7.9	9.9	18.4	29.6	7.2	0.7	5.3
	女性	(516)	78.5	29.8	13.6	46.1	31.2	16.7	10.1	57.4	80.0	80.0	27.3	52.5	37.6	15.9	36.0	3.5	4.1	5.8
	20代	(387)	77.8	30.5	14.0	47.5	29.7	16.3	9.8	54.8	81.1	80.1	28.7	50.9	37.0	16.0	37.7	2.1	3.4	6.7
	30代	(129)	80.6	27.9	12.4	41.9	35.7	17.8	10.9	65.1	76.7	79.8	23.3	57.4	39.5	15.5	31.0	7.8	6.2	3.1

1位　2位　3位

- 全体では，「価値観が近いこと」（75.6%）が最も高く，次いで「一緒にいて楽しいこと」（74.5%），「一緒にいて気をつかわないこと」（73.5%）が高い。
- 男女別にみると，男性では「価値観が近いこと」（72.2%）が最も高く，女性では「一緒にいて楽しいこと」及び「一緒にいて気をつかわないこと」（ともに80.0%）が最も高い。
- 「容姿が好みであること」「家事や家計をまかせられること」が，女性に比べて男性では高い。女性では，「金銭感覚」「経済力があること」「恋愛感情」が続く。また，「家事分担」「職種」「学歴」なども重視され，全般的に，結婚相手に求める条件が多く挙げられている。

表4-2　結婚意欲を左右するもの――男女の違い（佐藤ら，2016）

	男性（%） （N=92）	女性（%） （N=195）	男女差 （男性%－女性%）
結婚相手に求める条件を満たしていると思うから	51.1	36.9	14.2
家族になりたいと思える相手だから	64.1	73.3	−9.2
趣味・娯楽やボランティア活動などを一緒に楽しめるから	25.0	31.3	−6.3
現在の交際相手を逃したくないから	30.4	32.3	−1.9
相手が結婚を望んでいるから	23.9	12.3	11.6
子どもが欲しいから	31.5	47.7	−16.2
周囲からの期待・後押しがあるから	9.8	21.0	−11.2
共通の友人・知人がいるから	7.6	9.7	−2.1
交際期間が長くなるから	17.4	34.9	−17.5
自分が特定の年齢になるから	19.6	51.3	−31.7
相手が特定の年齢になるから	21.7	25.6	−3.9
自分の仕事が軌道に乗るから	5.4	1.5	3.9
相手の仕事が軌道に乗るから	2.2	4.1	−1.9
諸事情でお互いの住む場所が遠くなる予定があるから	2.2	1.5	0.7
婚期を逃したくないから	10.9	35.9	−25.0
その他	4.3	3.1	1.2

注：現在の交際相手との結婚意欲ありの理由（複数回答）――男女別割合と男女差。男女別割合についてそれぞれ上位5個の理由，男女差について10%以上の差がある理由について太字とした。

直に話し合うことが難しくなるため，不満や期待はずれの体験へと発展しやすい。

第3のレベルは，当人にも理解されていない意識を超えた契約である。例えば，互いに自立して暮らしていこうと言葉で約束しておきながら，相手が甘えさせてくれることを密かに求めていたり，関係を深めたいと頭では考えながら，近づかれるとコミュニケーションを拒否して自分の世界に閉じこもってしまう，等が一例である。これは自分でも気づいていない願望や無意識の葛藤，さらに親密さへの恐怖と深く関わっている。たくさんの契約がこのレベルで交わされている場合，現実的な関係形成はなかなか困難である。自分の不安や問題を2人の関係の問題にすり替えるゲームにしてしまう等，建て前と本音のずれが日常生活の様々な局面で生じることになる。

カップル関係が辿る循環過程

ディムとグレン（Dym & Glen, 1993）は，カップル（夫婦）関係が辿る循環過程を提唱し，親密な関係に特有な変化・成長について考察を深めている（図4-1）。この考えによるとカップルは，様相の異なる3つのステージを必ず経験し，それらを順に辿りながら少しずつ関係を深めて成長していく。

最初の「1. 拡大・保証の時期」において，カップルは互いの違いに惹かれ合い，自分にはない一面が相手によって補われることで，自己が拡大したような体験をする。続いて「2. 縮小・背信の時期」に移ると，2人の違いは疎ましく厄介なものと受けとられ，カップルは相互に裏切られたように感じて関係から引きこもりがちになる。このステージを乗り越えることができると，「3. 和解の時期」が訪れる。苛立ちや失望は軽微なものとなり，違い

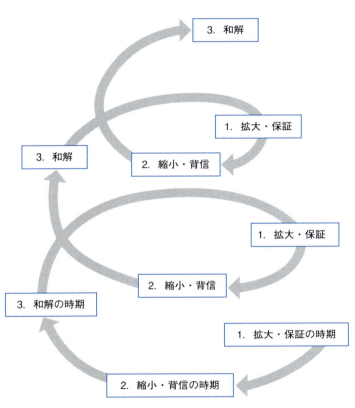

図 4-1 カップル関係が辿る循環過程 (Dym & Glen, 1993)

を相手の個性として冷静に受け止められるようになる。どんなカップルも，この循環を何度か繰り返す。1期から2期への転落が比較的穏やかなこと，二巡，三巡と進むにつれて一層緩やかな移行になることが，長続きするカップルの特徴と考えられている。

親密さのパラドックス

夫婦や親密な男女が抱える困難は，**親密さのパラドックス**という概念で理解することができる（3章 Topic 3-6 参照）。

エリクソンは，親密性の獲得を，自我同一性確立後の成人期に取り組む発達課題だと定義している。親密性を獲得するには，他者との関わりの中で自分らしさの感覚を見失わずにいることが欠かせない。ある程度の人格的成熟が前提として求められ，親密さを獲得できない場合は，関係を拒否して孤立するか，形骸化した関係に義務的に関わりがちになる。

多世代家族療法家のレーナー（Lerner, 1989）によると，**親密さ**とは，「関係の中で自分を犠牲にしたり裏切ったりせず，相手を変えたり説得したりしようという要求を抱かずに，相手のその人らしさを承認し合える」ことを意味する。これは，他者から離れていながら他者と結びついているという，本来的な逆説を含んでいるため，実現することは容易でなく，親密さを獲得する代わりに，①絶えず争い続けるか，②冷え切った関係に陥って関わりを避けるか，③子どもの問題にのめり込むか，④逃げる人と追いかける人，過剰機能の人と過少機能の人が2人組になる等の方法で，不安に対処しようとする夫婦は少なくない（**表4-3**）。

「ヤマアラシのジレンマ」という言葉もまた，矛盾する事態を端的に言い表している。近づけば近づくほど，自分の棘で相手を傷つけてしまうが，離れると心が寂しく寒くなるというこの寓話

表 4-3　夫婦（カップル）の親密な相互作用の要素

ウィークスとファイフ（Weeks & Fife, 2014）は，カップル療法の立場から，夫婦（カップル）の親密な相互作用の要素を以下の 7 つにまとめている。

良い面を見ること	パートナーと自分自身の良い面を見ることができ，それを言葉にして表現することができる。
ケアすること	パートナーの幸福，欲求，感情に関心をもち，それらを尊重する態度。パートナーが求めていることや望んでいることに耳を傾け，それに対して適切に応答すること。
保護すること	2 人を取り巻くさまざまな社会システム（仕事，親族，子どもなど）から自分たちの関係を保護すること。お互いを守るためには，時に相手の立場に立って物事を見ることが必要。
楽しむこと	一緒に楽しめる時間をもち，共に楽しめる活動をすること。個々に楽しむことも必要。
責任をもつこと	関係の中で問題が生じたとき，そのことに対してお互いが責任をもつこと。健全な相互依存の基盤となる。
傷つきを分かち合うこと	傷つきや痛みを共有することは，最も親密な行為。パートナーに対する共感と親密感を促進する。
許すこと	近しい関係では，相手を傷つけないということは不可能。傷ついた側と傷つけられた側のそれぞれが，自分とパートナーの両方を理解すること。

64   4章　夫婦の発達とは

は，自分にとって大切な相手と適切な心理的距離をとることの難
しさをよく表している。

4-2　夫婦関係に関する実証研究

　夫婦関係に関する実証研究は，米国では，1920年代という早
期から始まって既に100年近い歴史をもつ領域へと育っている。
対してわが国で実証研究が行われるようになったのは最近のこと
である。この差は，結婚した2組のうちの1組が離婚に至る米国
とは異なり，わが国の離婚率は長期にわたって低位を推移してき
たことが関係しているだろう。また，夫婦関係より親子関係が重
要視される風潮が強く，あえて言葉で伝え合うより察し合うほう
が良いというコミュニケーションについての価値観が，根強くあ
ることも無関係ではないだろう。諸外国に比べてわが国の離婚率
は低いが，2004年には離婚件数が29万件でピークを迎え，その
後減少したものの依然として20万件を超えている（図4-2）。
とりわけ同居期間5年未満の夫婦の離婚率は減少しているものの
依然として最も高い。一方で同居期間20年以上の婚姻期間の長
い夫婦の離婚が増加傾向にある（図4-3）。さらに，ストーカー
やDV（Domestic Violence）と呼ばれる夫婦間暴力の問題も深刻
化しており，近年では女性が加害者になるケースも増加している
（表4-4，図4-4）。カップルのコミュニケーションの問題は，
もはや，対岸の火事とみなすことはできなくなっている。

米国における夫婦間コミュニケーションの研究

　1960年代に入ると，夫婦関係の満足度が高く関係がうまくい
っている夫婦とそうでない夫婦の間にコミュニケーションスタイ
ル上の違いがあることが見出されたのを契機に，米国では，両群

4-2 夫婦関係に関する実証研究

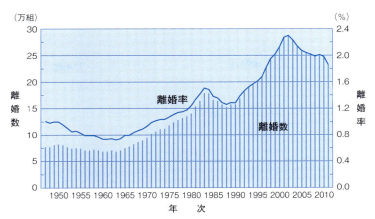

資料：厚生労働省大臣官房統計情報部「人口動態統計」より厚生労働省政策統括官付政策評価官室作成
（注）1972年以前は沖縄県を含まない。

$$離婚率 = \frac{離婚数}{人口} \times 1,000$$

図 4-2 **離婚数及び離婚率**（厚生労働省「平成 25 年版厚生労働白書」）

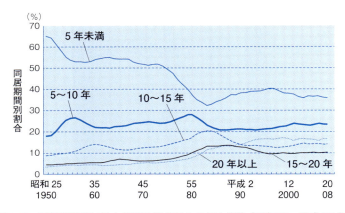

図 4-3 **同居期間別にみた離婚の構成割合の年次推移**（昭和 25〜平成 20 年）
（厚生労働省：平成 21 年度「離婚に関する統計」の概況）

の比較研究が盛んに行われるようになった。中でも，ゴットマン（Gottman, J.）とその研究グループが行った25年にわたる縦断的研究は，質量共に優れて大がかりなもので，これまで経験知の中から生まれてきた夫婦（カップル）療法の介入法に，実証的根拠を与えることになった（Gottman & Silver, 1999）。

　ゴットマンらは，夫婦の相互交流場面の録画データ，それを見直しながら夫・妻それぞれに生じた情動を想起し報告してもらったデータ，心拍数などの生理的指標を測定したデータ等，様々な手法を組み合わせて収集したデータをもとに，夫婦関係の満足度について研究した。その結果，関係の満足状況には，夫婦が相互作用の中で実際にどのような言動をとるか，各パートナーが相手の言動をどのように認知するか，各パートナーが相互作用の中でどのような生理的反応と情動を生起するかという，言動・認知・情動の3次元が関わっていること，これらの次元の複合的関数として夫婦関係の満足度が決まることを見出した。

　さらに，夫婦がポジティブな感情とネガティブな感情を5：1の割合で表現することが良好な関係継続の鍵であることが明らかになった。一方，夫婦関係における危険因子として，非難（人格や性格に関する言語的攻撃），侮蔑（侮辱や虐待の意図でパートナーを攻撃する），自己防衛（知覚した攻撃をかわし，責任を反転させるために自分を犠牲者とする），遮断（衝突を回避するために引きこもり，不承認を伝え，距離を取って離れる）を指摘した。特に侮蔑は，離婚の一番の予測因子であることが分かっている。また，これらの因子は関係の良好な夫婦にも見られるものの，修復の試みが適切になされることによって，深刻な関係悪化には至らないことが分かった。

4-2 夫婦関係に関する実証研究

表4-4 ストーカー事案及び配偶者からの暴力事案等の対応状況

1. 被害者の性別

	平成24年	平成25年	平成26年	平成27年	平成28年	平成28年の割合
男性	2,372	3,281	5,971	7,557	10,496	15.0%
女性	41,578	46,252	53,101	55,584	59,412	85.0%

2. 加害者の性別

	平成24年	平成25年	平成26年	平成27年	平成28年	平成28年の割合
男性	41,517	46,251	53,090	55,550	59,425	85.0%
女性	2,433	3,282	5,982	7,591	10,483	15.0%

警察庁生活安全局生活安全企画課 2016-04-06
ストーカー事案及び配偶者からの暴力事案等の対応状況について 平成28年
http://www.npa.go.jp/publications/statistics/safetylife/dv.html

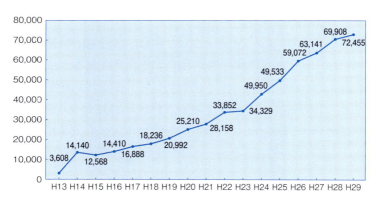

※平成13年は配偶者暴力防止法施行日（10月13日）以降の件数
※法改正により，平成26年以降新たに「生活の本拠を共にする交際関係」が追加

図4-4 配偶者からの暴力事案等の相談等件数の推移
（警察庁（2018）平成29年におけるストーカー事案及び配偶者からの暴力事案等への対応状況について〈https://www.npa.go.jp/safetylife/seianki/stalker/H29STDV_taioujoukyou.pdf〉）

ジェンダーの視点（文化社会的観点）

　文化社会的観点からみた性差のことを，ジェンダーという（3章 p.46 参照）。ジェンダーとは，ある面では生物学的な男女の違いを反映したものであり，また別の面では，意識的・無意識的に生み出され，日常生活の中に溶け込んで見えない形で維持されている根拠のない差別の問題を映し出している。

　1970 年代に入ると，欧米では，フェミニズムと呼ばれる男女同権主議論が政治，社会，文化等，様々な領域で盛んに説かれるようになった。夫婦・家族研究の領域でも，一組の男女が結婚と同時に組み込まれる文化社会的文脈は実は大いに異なるもので，優れた家族・夫婦研究を行うには，家族生活の実際をめぐって存在する無数の男女差を意識することが欠かせず，ジェンダーの視点を備える必要性が述べられるようになった。例えばカーターとマクゴールドリック（1999）は，あまりに高い米国の離婚率を説明するには，個人の性格や見解の不一致，心変わりといった個人的観点だけからの理解は不十分であり，①女性たちの急激な社会進出，②医療技術の進歩に伴い，女性たちが出産についてのコントロール感を獲得したこと，③人の平均寿命の大幅な延長，④伝統的な性役割分業観への大々的な挑戦の始まりといった文化社会的観点をもって理解しなければならないと論じている。

　ジェンダーの観点からはまた，①家族生活の負担の多くが現状では女性に偏りがちなこと，②感情表出が社会からも認められ，それを得意とする女性に比べると，男性は概してそれが苦手である。女性が様々な感情を表出し，それに耳を傾けてほしいと望む傍らで，男性たちはどうしたらよいかと考え，行動レベルでの解決を図ろうとする等の違いも指摘されている。他にも男女の様々

4-2 夫婦関係に関する実証研究

表4-5 男性と女性の一般的な違い（中村，2000より）

男　　性	女　　性
1. 独立心，自信，そして自立心を育む	1. 人との関係を育み，それらを保ち続ける
2. ひとつ先の夢と運命と自己充足に重要性を見いだす	2. 他者との絆に重要性を見いだす
3. ルールを学ぶことに力点を置く（何が正しいのか，何が公明正大なのか）	3. 共感する術と関係をつくることに力点を置く
4. ゲームでは，勝つことこそが重要	4. ゲームでは，重要なのは個人同士の関係
5. 競争心の強調	5. 協働心の強調
6. 感情の隠蔽（「怒り」を除く）	6. 感情の表出（「怒り」を除く）
7. 親密さに危険を感じ，他者に近づくことは自らの欲求を脅かすものとみなされる	7. 非情な成功や競争に勝つことに危機感をもつ
8. 親密さ，それを他者からの侵害とみなし，自分を失う恐怖を抱く	8. 親密さ，それを他者からの「巻き込み」とみなし，自分を失う恐怖を抱く
9. 職業的な発展を強調する	9. 家族の発展を強調する

表4-6 ジェンダーに配慮した家族療法の特徴（Lewis, 1992より）

性差別的でないカウンセリング	エンパワーメント／フェミニスト／ジェンダーを意識したカウンセリング
ステレオタイプな性役割を強要しない。	文化社会的・政治的要因が自分たちの生活に与える影響を自覚するようにクライエントを支援する。
とりわけキャリアについて，広範な選択肢から選ぶようにクライエントを励ます。	性的ステレオタイプがもたらす制約を超える方向でクライエントを支援する。
診断に性的ステレオタイプが影響を及ぼさないように留意する。	内在化した社会的標準値が，個人の行動に与える。否定的影響の程度を理解するように働きかける。
性差別的なアセスメント尺度の使用を避ける。	性役割分析をアセスメントの一つに加える。
男性クライエントと女性クライエントを対等に扱う。	文化的に「男性的」「女性的」と規定される性質の両方を備えるよう，クライエントを支援する。
カウンセリング関係の中で，パワー（権力）を間違った形で行使しないように留意する。	協働的なカウンセラー──クライエント関係を形成する。

な違いが指摘されており，親密な夫婦の関係を営んでいくために
は，互いにその違いを理解し共有することが大切であり（表
4-5），ジェンダーは心理療法における援助でも考慮すべきテー
マである（表 4-6）。また，これまでの夫婦関係に関する実証的
研究は，主として妻の視点から見た関係や葛藤を扱ったものが多
く，夫の視点からの研究が少ないことが指摘されており，今後の
課題の一つとなっている。

わが国における夫婦・結婚に関する実証研究

わが国における夫婦・結婚に関する実証研究は，ここ 20 年ほ
どで少しずつ活発になってきた。ようやく緒についたばかりの研
究領域ではあるが，それにも関わらず，いくつか導き出された結
果は，臨床群だけに偏らない一般的な夫婦の傾向を抽出し，わが
国の夫婦・結婚に関わる特徴的問題を浮き彫りにするという意味
で，重要な問題提起となっている。

柏木（2003）は，わが国の夫婦が抱える大きな問題として，結
婚満足度が総じて男性より女性の方が低く，特に結婚後十数年を
過ぎた夫婦にその傾向が高いことを明らかにした。離婚を切り出
す 6 割以上は妻のほうである（図 4-5）こととも合致する結果
と言える。しかし，その傾向にも変化が起こりつつある。稲葉
（2011）は 1999 年，2003 年，2008 年の 3 回の NFRJ（National
Family Research of Japan）のデータから，夫の結婚満足度も全般
的に低下していることを明らかにしており，夫婦関係の問題は女
性だけでなく男性にとっても重要なものになっていることを示唆
している。さらに，離婚に対する心理的な敷居は低くなっており，
男女ともに離婚を肯定する人が増加している（図 4-6）。

ところで，夫婦・結婚に関する実証的研究の多くが子育て期か

4-2 夫婦関係に関する実証研究

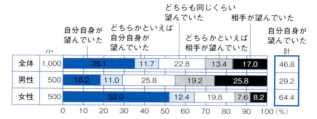

図 4-5 夫婦のどちらが離婚を望んでいたか（ブライダル総研，2016 より）

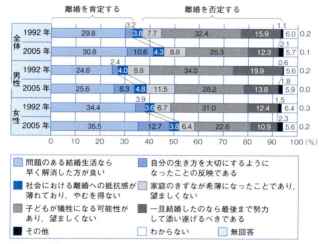

資料：内閣府「国民生活選好度調査」より厚生労働省政策統括官付政策評価官室作成．
(注) 1. 回答者は，2005年調査時は全国の15～79歳までの男女3,670人．1992年調査時は2,440人．
2. 「問題のある結婚生活なら早く解消した方がよい」，「自分の生き方を大切にするようになったことの反映である」，「社会における離婚への抵抗感が薄れており，やむを得ない」の選択肢は，1992年調査時はそれぞれ「問題のある結婚生活なら早く解消した方がよく，望ましい」，「女性が自分の生き方を大切にするようになったためであり，望ましい」，「離婚を断念せざるを得ない社会的圧力が低下している最近の流れからするとしかたがない」である．

図 4-6 離婚をめぐる価値観とその変化
（厚生労働省「平成25年版厚生労働白書」）

ら中年期の夫婦に焦点が当てられており，新婚期の夫婦に関する研究はまだまだ少ない。その中で宇都宮（2015）は，新婚夫婦の結婚生活やパートナーに対するコミットメント志向性と主観的幸福感の関連性について着目している。配偶者の存在意味を人格的次元から探求し見出している「探求維持型」と，人格的次元からの存在の探求はしないが，継続させる以上できるだけ平穏で円満なものにしようとする「平穏維持型」で主観的幸福感が高く，離婚をしなければそれで良いとする「制度維持型」では主観的幸福感が低いことを明らかにしており，結婚やパートナーにどのように向き合うかが重要であることを示唆している。

4-3　子どもをもつ決心と夫婦関係の変質

　結婚後しばらくすると，夫婦は，相互に与え合いもらい合う2人だけの関係を変化させ，子どもを迎え入れる準備を始めなければならない。子どもをもとうという動機がないまま妊娠する場合，動機があっても子どもがうまく授からない場合など，2人の思惑どおりに進まない例も少なくないが，多くの夫婦は，子育て期の家族というライフステージに進んでいく（表2-1参照）。

　夫婦になることも子どもをもつことも，わが国ではどんな大人でも容易に達成することができる生活変化だととらえられがちである。だが実際は，個人も変化し，関係も調和を保ちながら変わっていかなければならないという意味で，ライフサイクルの移行期に，家族は危機に陥りかねない。そのような理解から，北米では移行期の家族を対象に予防の意味で行う心理教育的プログラムが複数開発されている（Topic 4-1）。

　例えば，オルソン（Olson, D.）が開発した PREPARE/ENRICH

Topic 4-1　子どもの誕生と夫婦関係

　米国の調査では，子どもの誕生によって夫婦関係が以前よりも悪化したと回答した夫婦が約5割に達するという（ベルスキーとケリー，1995）。わが国ではそのような大規模調査は見られないが，妊娠・出産は，コミュニケーションの希薄化，親密性の低下，セックスレス，浮気など夫婦間の問題のきっかけになることは珍しくない。この時期の夫婦間の問題を直接扱う心理教育的プログラムは非常に少ないが，母親になることや父親になることについての心理的な準備を目的としたプログラムや，インターネットやSNSを活用した情報発信は，心理士のみならず看護師や助産師，あるいは子育て経験のある母親や父親が運営する団体によって盛んに行われるようになっている。

母親学級から両親学級へ

　以前は母親学級と呼ばれ，出産を控えた女性をサポートする取り組みが保健所や病院で行われていたが，最近では男性にも父親になるプロセスや育児に参加してもらおうという主旨から，お母さん予備軍だけでなくお父さん予備軍の参加を進める企画も少しずつ増えてきた。そして，妊娠中の生活上の注意点や心構え，夫婦の役割や生活について，妊娠の異常の予防法について，子育ての仕方，両親の役割など，実質的な知識を伝達する目的で開かれることも多いが，中には夫婦の役割や子どもを迎える心理的準備など，心理教育的要素を含んだ企画も実施されるようになってきた。

　また，出産後の心理的問題としては，マタニティ・ブルー（出産後の母親の情緒的不安定）がよく知られているが，最近の研究でパタニティ・ブルー（子どもの誕生後の父親の情緒的不安定）についても研究がされるようになり，その実態と子育てへの影響が少しずつ明らかになっている。共働き家庭の増加による家事・育児の分担をめぐる夫婦間葛藤の問題や，子育て不安の軽減や虐待の予防なども考慮すると，妊娠・出産から，お母さん予備軍のみならずお父さん予備軍も対象とした両親学級の果たす役割は，非常に大きいと言える。

は，結婚前のカップル，既婚の夫婦，再婚夫婦などを対象にした質問紙とそれに基づいて行う心理教育プログラムである。カップルは，葛藤解決や結婚生活への期待，将来子どもをもつことに対する意識，コミュニケーションのとり方，2人の関係における力のバランスなど，結婚生活のさまざまな領域（表4-7）に関する質問に答えることで，カップルとしての強みとさらに成長が求められる点について，専門家からフィードバックを受けることができる。夫婦になる前の準備段階から実際に結婚して夫婦となり，その後親になるまでの移行期を通じた効果が期待される。問題発生後に導入するカップル療法とは異なり，自分やパートナーについて，また自分たちの関係について気づきをさらに高めて，結婚生活を送っていく上で役立つ知識や2人の関係をより親密にするコミュニケーションスキルと葛藤解決のスキルを身につけること，パートナーと話し合い学び合い，エンパワーメントし合うこと等が心理教育のねらいである。

　ところで，近年は子どもができない夫婦にとって，不妊治療を受けるかどうかが大きな選択肢となっている。厚生労働省（2018）によれば，平成18年度（2006年度）の総出生児数に対する生殖補助医療出生児数の占める割合は1.79%（約2万人）だったのに対して，平成26年度（2014年度）には4.71%（約4万7,000人）と大幅に増加している。不妊は妊娠・出産という妻の側の問題であると考えられがちであるが，実際には夫の問題とその影響も決して小さくないので，夫婦に対する心理的サポートが必要である。また，夫婦関係にポジティブな影響もネガティブな影響も及ぼす可能性があり，時には双方の実家をも巻き込んだ家族の問題に発展することもある。したがって，不妊治療を生殖医療の問題とし

4-3 子どもをもつ決心と夫婦関係の変質　　75

表 4-7　結婚生活の中で夫婦が直面する一般的な葛藤と PREPARE/ENRICH で扱う領域 （Olson & Olson, 1999 野末 訳）

夫婦が直面する一般的な葛藤	PREPARE/ENRICH で扱う領域
	パーソナリティの課題
自己を表現すること	アサーティブネス
自尊心	自信
否認／回避	回避
コントロールの問題	パートナーの支配
	個人内の課題
理想化／社会的望ましさ	理想による歪曲
パーソナリティ／習慣	パーソナリティの課題
価値観の不一致／信念	スピリチュアルな信念
興味関心／活動	余暇活動
期待	結婚生活への期待
満足	結婚生活への満足
	対人間の課題
コミュニケーション	コミュニケーション
議論／怒り	葛藤解決
子ども	子どもと子育て
コミットメント	カップルの親密さ
夫婦の役割	役割関係
セックス／愛情	性的な関係
	外的な課題
親戚／友人	家族と友人
お金／仕事	お金の管理
家族の課題	家族の親密さ＆家族の柔軟性

てだけでなく，夫婦や家族の問題として専門家が心理学的に理解
し援助することが今後ますます重要になる。

参 考 図 書

中釜 洋子（2005）．中年期夫婦の臨床的問題とその援助　岡本 祐子
　　（編）成人期の危機と心理臨床──壮年期に灯る危険信号とその援
　　助──（pp. 187-214）　ゆまに書房

　中年期の夫婦が抱える臨床的問題について，家族心理学や家族シス
テム論を援用してとらえる視点を提示している。臨床的問題への援助
法の一つであるカップルカウンセリングについて，具体例を挙げなが
ら分かりやすく解説されている。

野末 武義（2015）．夫婦・カップルのためのアサーション──自分
　　もパートナーも大切にする自己表現──　金子書房

　夫婦・カップルの関係と問題を，カップル療法と家族心理学の理論
を基盤としながら，アサーションの観点も加味して具体例を交えて解
説している。夫婦・カップル間の葛藤を理解し，具体的に対処するた
めの方法についても触れている。

ゴットマン，J. M.・シルバー，N.　松浦 秀明（訳）（2000）．愛する
　　二人別れる二人──結婚生活を成功させる七つの原則──　第三
　　文明社

　本文でも紹介した，ゴットマンとその研究グループが行った夫婦関
係についての大がかりな縦断研究の結果と，夫婦が良好な関係を保ち
続けていくための具体的な方法を，日本語で読むことができる。

宇都宮 博・神谷 哲司（編著）（2016）．夫と妻の生涯発達心理学
　　──関係性の危機と成熟──　福村出版

　恋愛から結婚，子育てを経て老いを迎えるまでの，カップル・夫婦
の生涯にわたる関係と問題について取り上げている。最新のデータと
豊富な実証的研究，さらにはカップル療法と家族療法の臨床的実践の

4-3 子どもをもつ決心と夫婦関係の変質　　77

両方の立場から分かりやすく解説されている。

柏木　惠子・平木　典子（編著）（2014）．日本の夫婦——パートナー
　　とやっていく幸せと葛藤——　金子書房

　家族心理学における実証的な研究やカップル療法における臨床実践
から，現代の日本の夫婦の実態や課題とそれらに対する援助について，
具体例を交えて解説されている。

子どもが育つ場
としての家族

　本章では，子どもが育つということ，子どもを育てるということについて，家族心理学の立場から考えてみる。多くの夫婦は，ある時点になると子どもを生み育てることを考える。しかしすべての夫婦が，子どもを授かってすぐに適切な養育行動を取れるようになるわけではない。親になる過程はどのようなもので，目の前の子どもとの関わりの中でいかに展開するのだろうか。養育の場としての家族に求められる特質，妨げとなる特質はどのようなものだろうか。子どもの誕生から小学生くらいまでに対象を絞り，家族が体験する変化について紐解いてみることとする。

5-1 養育のためのシステムづくり

　夫婦はいよいよ子育ての協働者として，**養育**のためのシステムづくりを始める。それは新婚期に形成した夫婦システムを，生まれてくる子どもを迎え入れるために，発展させる作業でもある。子どもをもつことは，日々の生活を豊かにしてくれ，生きる上での喜びや希望となる一方で，精神的にも物理的にも大きな労力がかかる。そのため，夫婦の間で役割分担やエネルギーを再配分する必要が生じる。主たる養育者は誰か，あるいはどちらも仕事と子育ての両立を目指すのか，子育て支援の人的・制度的資源として何があり，どんなサポートを期待できるのか等について，考えなければならない（**表5-1**，**図5-1**。**図1-5**も参照）。

　夫婦は，子どもをもつかもたないか，どのタイミングでもつか，どんな価値観を重視して，どのように育てたいかといった問題について，十分に話し合うことが望ましいと言える（**図1-2**参照）。わが国では，これまでは話し合いで夫婦2人の合意を作り上げていくというより，伝統的に子育ては母親が主に担うものとされてきた。しかし，価値観の多様化やジェンダー意識の変化が進んだ現代にあっては，もはや以前のやり方を無自覚に踏襲することには無理がある。母親（や祖母を含めた女性たち）が主たる養育者で，父親は単に母親の話し相手であったり，余裕のあるときに手を貸す助っ人的な位置づけを超えて，自分たち夫婦のライフスタイルや価値観に合う道を選んでいくことが求められている。現代は，自己選択と自己責任の余地がますます拡がってきている時代だと言えるだろう。

親になること

　親になる過程は，実は，自身が養育される立場にある子ども時

5-1 養育のためのシステムづくり

表5-1 子どもを産む決断に関する3種の価値と2種の条件
(柏木・永久, 1999)

価値	条件
● 情緒的価値 年をとったとき子どもがいないと淋しい 子どもがいると生活に変化が生まれる 家庭がにぎやかになる 子どもをもつことで夫婦の絆が強まる ● 社会的価値 子どもを生み育ててこそ一人前の女性 結婚したら子どもをもつのが普通だから 次の世代をつくるのは，人としてのつとめ 姓やお墓を継ぐものが必要 ● 個人的価値 子どもを育ててみたかった 子どもが好きだった 子どもは生きがいになる 子育てで自分が成長する 女性として，妊娠・出産を経験したかった	● 条件依存 経済的なゆとりができた 自分の生活（趣味，旅行など）区切りがついた 夫婦関係が安定した 2人だけの生活は十分楽しんだ 自分の仕事が軌道にのった ● 子育て支援 よい保育園があったので 子育てを手伝ってくれる人がいたから 親が楽しみにしていた

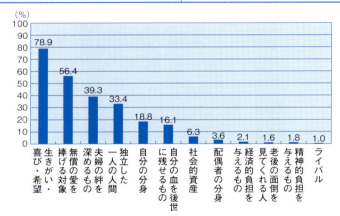

資料：厚生労働省雇用均等・児童家庭局「少子化に関する意識調査」(2004年)より厚生労働省政策統括官付政策評価官室作成
(注) 1.「あなたにとって子どもとはどのようなものですか。独身の方も，仮定でお答え下さい。(○は3つまで)」と尋ねた問に対して回答した人（子どもを持つ既婚の男性・女性に限る）の割合。
2. 選択肢はほかに，「その他」。

図5-1 子どもとはどのような存在か

代から始まっているとされる。かつては，女性には母性というものが生まれながらに備わっていて，妊娠・出産を契機にそれが自動的に発揮されると考えられていた。しかし，必ずしもすべての母親が親として適切に振る舞えるわけでないという事実に加え，実証研究の結果からも，こと人間の養育行動に関しては，他者と関わる経験などを通して後天的に学習する部分が大きいと考えられるようになった。男女ともに備わる弱い者を守ろうという性向が芽となって，幼少期の周囲の人からのケア（被養育経験）が養分となり，実際に自分の子どもを抱く，おむつを替える，ミルクを飲ませるなどの養育経験を通じて，徐々に親へと成長していくのである。

　最近では，母性による子育てと言う代わりにペアレンティングという言葉で言い表し，子どもをいつくしみ適切な養育行動をとる気持ちや資質のことを，養護性と表現するようになった。また，親になるプロセスを支えるサポート資源として，親としての関わりがうまくいかなかったり，より良い子育てを求める両親を対象にした，親業訓練，ペアレントトレーニング，子育て支援などが積極的に行われるようになっている。

親としての成長・発達

　親にまずもって求められる資質は，高い知的能力でも，何かを立派に達成する技能でもない。子どもの感情や必要性に自分を沿わせる生き方にコミットすることであって，思い通りに他者をコントロールしたり，無駄を省いて効率を求めるのとは反対のあり方と言ってよい。これは特に，能率や合理性を重視して育ってきた現代人には不慣れで不得手なことであり，子どもをもち，養育することを通じてはじめて新たな資質や価値に開かれることが親

5-1 養育のためのシステムづくり

表 5-2 「親になる」ことによる成長・発達の次元
(柏木・若松, 1994 より一部抜粋)

第Ⅰ因子 柔軟さ	角がとれて丸くなった 考え方が柔軟になった 他人に対して寛大になった 精神的にタフになった
第Ⅱ因子 自己制御	他人の迷惑にならないように心がけるようになった 自分のほしいものなどを我慢できるようになった 他人の立場や気持ちをくみとるようになった
第Ⅲ因子 視野の広がり	日本や世界の将来について関心が増した 環境問題(大気汚染・食品公害)に関心が増した 児童福祉や教育問題に関心をもつようになった 一人ひとりがかけがえのない存在だと思うようになった
第Ⅳ因子 運命・信仰 伝統の受容	物ごとを運命だと受け入れるようになった 運の巡りあわせを考えるようになった 常識やしきたりを考えるようになった
第Ⅴ因子 生きがい・ 存在感	生きている張りが増した 長生きしなければと思うようになった 自分がなくてはならない存在だと思うようになった より計画的になった
第Ⅵ因子 自己の強さ	多少他の人と摩擦があっても,自分の主張は,と通すようになった 自分の立場や考えはちゃんと主張しなければと思うようになった 物ごとに積極的になった

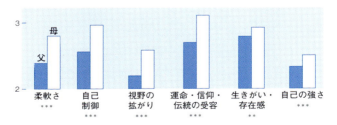

図 5-2 父親と母親の「親となる」ことによる成長・発達
(柏木・若松, 1994)
$**p<.01$, $***p<.001$。

84 5章　子どもが育つ場としての家族

としての成長・発達とも言えるだろう（表5-2，図5-2）。

アタッチメント

　親と子の間に築かれる特別な絆のことを，イギリスの児童精神科医ボウルビィ（Bowlby, 1969/1982）はアタッチメントと命名した（Topic 5-1）。カモやガンが生後すぐ出会った対象の後を追うようになる現象は，インプリンティングとして広く知られている。ボウルビィは，人間の赤ん坊にもこれと類似の性向，すなわち，特定の対象を希求し近接な関係を維持しようとする傾向が生得的に備わり，それが独りでは生き延びることができない子どもの心身の安全保障に大いに役立っていると考えた。多くの観察データから，「人物の識別を伴わない無差別の微笑や注視段階」から，「特定対象への発声，後追い，人見知り，分離不安の段階」を経て，「対象がその場にいなくても必ず助けてくれる確信を抱く段階」へと発達・変化することを見出した。アタッチメントはやがて内的ワーキングモデルとなって，子どもが自律性を獲得した後も生涯にわたって続くものと考えられている。

　アタッチメント研究は，初期には「乳幼児には特定の養育者，すなわち母親がそばにいることが欠かせない」という，母子関係の特殊性，代替不可能性を主張する根拠としてしばしば引用された。その後，研究対象を広げる中で，父子間のアタッチメントや祖母・保育者に対するアタッチメントが研究されるようになった。その結果，父親，祖母，保育者といった母親以外の重要他者も，乳幼児の探索行動や遊びの安全基地として大いに利用されること，その意味でアタッチメント対象になりうることが発見された。子どもが，養育を担う複数名に同時にアタッチメントを形成することは可能であり，複数の安定的なアタッチメントを持つことが，

5-1 養育のためのシステムづくり 85

Topic 5-1 アタッチメントの4タイプ

ボウルビィの考えを引き継いで，アタッチメントの個人差をとらえる研究が始まった。アタッチメント対象との分離時に示す行動の評定から，以下の4つのタイプが見出されている。

表5-3 4つのアタッチメントタイプの特徴と養育者の関わり方

A タイプ（回避型）	分離時は泣いたり混乱したりしない。再会時には，アタッチメント対象を避ける行動が認められる。 養育者の関わり方：子どもからの働きかけに拒否的に振る舞う。
B タイプ（安定型）	分離時に多少の泣きや混乱を示すが，再会時には，積極的に接近して関わりを求め，すぐに安定する。 養育者の関わり方：子どもの状態に敏感に反応する。
C タイプ（アンビバレント型）	分離時に強い不安や混乱を示す。再会時には接触を求めると同時に怒りに満ちた抵抗を示す。 養育者の関わり方：子どもの状態に敏感に反応するのが苦手。
D タイプ（無秩序・無方向型）	接近と回避という本来両立しない行動を同時に示す。突然のすくみ，顔を背けながらの接近など。 養育者の関わり方：多くはハイリスク群。

Topic 5-2 「愛着障害」

何らかの事情により，愛着欲求が満たされない状態が続いた場合，子どもは自分の不安や怖さ，心細さなどの不快感情がなかなかなだめられないばかりか，外の世界が自分を脅かす危険なものとして感じられてしまう。愛着障害の子どもは，反抗的，挑戦的，衝動的，破壊的，攻撃的，虚言と盗癖，自己破壊的，虐待的といった行動面や，強い怒り，不機嫌，恐れと不安，苛立ち，無力感，抑うつ，共感性や向社会的価値観の乏しさ，悪や人生の暗部への同一化などの情緒面の問題を顕著に示すとされる（藤田，2015）。

情緒社会性の発達を有利にすることが見出されている（Topic 5-2）。

子どもの育ちをめぐる実証的研究

子育てをめぐる世間一般の意見や前提には，私たちが無自覚に身につけた先入観に基づいた考えが紛れ込んでいる。例えば，「母親が働くことは小さな子どもに否定的影響を与える」「血を分けた実の親との絆が最も望ましく，養父母や里親との関係はそれに劣る」「子どもの健全な育ちには両親が揃っていることが欠かせない」「両親の離婚はどんな場合も子どもに有害なものである」等である（Topic 5-3，Topic 5-4）。家族心理学では，これらの事柄の実証性を科学的に探究しようという試みがなされてきた。データ収集の方法や分析方法など研究の限界はいくつもあるものの，その成果が蓄積され，それらは，子育てをめぐる「神話」や「間違った思い込み」であるにすぎないことを示すデータも次第に集まってきた（シャファー，2001）。

例えば，子どもが小さいときの母親の就労だけからの否定的影響は認められず，また養父母による子育ての肯定的効果も示されている。また，一人親による養育は，それを問題視することが，その実質的デメリット以上に有害であること，親の離婚が子どもに必ずしも有害な影響を与えるわけではないこと，たとえ離婚をきっかけに子どもが一時期不適応を示したとしても，子どもがレジリエンス（回復力）を発揮して再び適応的になったり，その経験を生かして成長していく姿が見出された（藤田，2016）。子育ては，様々な要因の影響を受けて進む複合的な過程である。子どもは本質的に回復力や柔軟性を備えた存在であり，また，ある否定的な要因が，他の要因によってカバーされる可能性もおおいに

Topic 5-3　三歳児神話

　三歳児神話は，母性愛神話の中でもとりわけ強力なものである。「3歳までは母親は家にいるべきだ。母親が働くと子どもは寂しい思いをして，将来，心身に問題を残す」とささやかれ，いまもなお，働く母親を苦しめる考えとなっている。大日向（2000）は，「幼少期の子どもは心身ともにか弱く，この時期にたっぷりと他者から愛され，保護される必要がある。そのような経験を通して，子どもが人を信頼するようになり，愛される自分に自信を持つようになるのは確かなことだが，子どもを愛せる者は母親だけであるという考えをもつ必要はない」と述べて，三歳児神話には合理的根拠がないことを明示している。

Topic 5-4　親の離婚と子どものレジリエンス

　親の離婚が子どもに与える影響として，子どもの自立性や社会性が高まるという肯定的な研究結果がある一方で，子どもは不調や不適応に陥りやすく，心理的ケアが必要であるとするものも少なくない。そこで，藤田（2016，2017a，b，c）は，親の離婚やそのプロセスがどのように子どもたちの不調や不適応につながっていくのか，また，どのような要因が子どもたちの精神的健康を保ち，あるいは回復につながっていくのかを質的研究により明らかにした。離婚移行期には，ほとんどすべての子どもが離婚について思い悩み，親への気遣いや忠誠心を示す。しかし，離婚の悪影響が深刻化してしまう典型的なケースでは，そんな子どもの苦悩や忠誠心が承認されず，逆に親の破壊的権利付与により利用，搾取されてしまっており，その結果，子どもは自分を責め，他者や世の中に対する信頼感をなくして孤立し，親の離婚にまつわる「語り」を抑圧してしまうという悪循環に陥っていた。

　逆に，子どもの気遣いや忠誠心が親や周囲の他者に承認され報いられるケースでは，子どもは他者や世の中に対する信頼感を維持し，日常的な対人関係に支えられるとともに，日常の様々な活動や行動を通じて，不安や苦悩を心の中で反芻しすぎないということができていた。そして，親の離婚という経験を糧にして，自立性や主体性，社会性を高めていき，豊かな人生に開かれていくことが示された。

88   5章　子どもが育つ場としての家族

ありうる。

5-2　養育のためのシステムづくりが困難になる場合

児童虐待

　2000年に制定された「児童虐待の防止等に関する法律」によると，児童虐待は，保護者が18歳未満の子どもに対して行う虐待行為である。具体的内容によって，①身体的虐待，②性的虐待，③ネグレクト，④心理的虐待の4類型に分類される（表5-4）。厚生労働省による集計データは，ここ数年の著しい増加傾向を示しているが，その理由としては，虐待そのものの増加だけでなく，関心が高まったことによる相談・通告数の増加も含まれており，潜在的にあったものが表面化したにすぎないという意見もある（図5-3）。

　養育に最も手がかかる乳幼児期の子どもに対する，実母による身体的虐待ケースが最も多いことから（表5-5），子育てに対して抱く過剰負担感，つまり育児不安や育児ストレスとの関連が指摘される。その他にも，家庭の経済事情や親のパーソナリティの問題，親の自己分化度の低さ，夫婦関係の不和，子どもの発達特性の問題や育てにくさといった要因，種々のサポート資源の乏しさ，近隣コミュニティからの孤立状態など，いくつかの要因が関与し合って生じる問題と考えられている（表5-6）。

虐待の世代間伝達

　親自身の被養育経験が実際の養育行動や子育て観に大きな影響を与えるという考えは，児童虐待の問題に取り組む専門家たちによっても支持されている。親から虐待を受けた者が親になり，次には自分の子どもを虐待することを，虐待の世代間伝達（虐待は

表 5-4 児童虐待の定義（厚生労働省 HP より）

身体的虐待	殴る，蹴る，投げ落とす，激しく揺さぶる，やけどを負わせる，溺れさせる，首を絞める，縄などにより一室に拘束するなど
性的虐待	子どもへの性的行為，性的行為を見せる，性器を触る又は触らせる，ポルノグラフィの被写体にする　など
ネグレクト	家に閉じ込める，食事を与えない，ひどく不潔にする，自動車の中に放置する，重い病気になっても病院に連れて行かない　など
心理的虐待	言葉による脅し，無視，きょうだい間での差別的扱い，子どもの目の前で家族に対して暴力をふるう（ドメスティック・バイオレンス：DV）　など

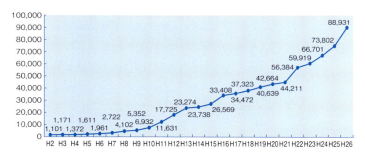

※平成22年度は，東日本大震災の影響により，福島県を除いて集計した数値

図 5-3　児童虐待相談の対応件数の推移（厚生労働省 HP より）

全国の児童相談所での児童虐待に関する相談対応件数は，児童虐待防止法施行前の平成11年度に比べ，平成26年度は7.6倍に増加。

世代を越えて繰り返されるという考え方）と言う。1970年代には，虐待する親のほとんどは自分自身が虐待された経験をもつと指摘され，世代間伝達率90％という高い数値が想定された。しかし，この数値は，虐待被害者でありながら虐待を繰り返さない者，つまり世代間伝達を起こさない力をもつ者を十分に考慮に入れていない数値であることが指摘された。そこで，1980年代以降には研究の方法論が見直され，実際の世代間伝達率は30±5％程度と考えられている。

　では，虐待を繰り返す親と繰り返さない親の違いはどこにあるのだろうか。成人の愛着研究によれば，虐待を繰り返す親が自分の体験を明確に語ることができないのに対して，繰り返さない親は，自身の被虐待体験を率直に詳細に語ることができるという違いがあったという。これは，虐待を連鎖させる親は，自身の被虐待体験について詳しく述べることができないか，体験をめぐる感情，とりわけ怒りの感情を表明できないことを意味する。つまり，自分に生じた事実を適切な距離を保ちながら受け止められているかどうかの違いが映し出されており，安心感が保障された関係において自らの体験を語ることで，心理的な荷おろし作業を経ておくことに，世代間連鎖の予防効果が認められている。

産後うつ病

　母親に産後うつ病などの問題が生じた場合も，子どもの養育はうまく進まない。産後うつ病は，早期発見・早期介入によって対処可能な疾病であるが，「妊娠・出産はおめでたいこと」「赤ん坊を授かった親は幸せである」といった世間一般の常識や思い込みが早期発見を遅らせたり，母親の抑うつ感を煽ることがある。うつ病一般への対応と同様に，叱咤激励はタブーであるが，「生ま

5-2 養育のためのシステムづくりが困難になる場合　91

表 5-5　平成 26 年度 児童相談所における児童虐待相談対応件数の内訳
（厚生労働省 HP より）

● 種類別

心理的虐待が 43.6％で最も多く，次いで身体的虐待が 29.4％となっている。

種類	身体的虐待	ネグレクト	性的虐待	心理的虐待	総数
	26,181 （29.4％）	22,455 （25.2％）	1,520 （1.7％）	38,775 （43.6％）	88,931（100.0％）

● 虐待者別

実母が 52.4％と最も多く，次いで実父が 34.5％となっている。※その他には祖父母，伯父伯母等が含まれる。

虐待者	実父	実父以外の父	実母	実母以外の母	その他※	総数
	30,646 （34.5％）	5,573 （6.3％）	46,624 （52.4％）	674 （0.8％）	5,414 （6.1％）	88,931 （100.0％）

● 虐待を受けた子どもの年齢構成別

小学生が 34.5％と最も多く，次いで 3 歳から学齢前児童が 23.8％，0 歳から 3 歳未満が 19.7％である。なお，小学校入学前の子どもの合計は，43.5％となっており，高い割合を占めている。

被虐待児	0 歳～3 歳未満	3 歳～学齢前	小学生	中学生	高校生等	総数
	17,479 （19.7％）	21,186 （23.8％）	30,721 （34.5％）	12,510 （14.1％）	7,035 （7.9％）	88,931 （100.0％）

表 5-6　虐待に至るおそれのある要因（リスク要因）（厚生労働省 HP より）

1. **保護者側のリスク要因**
- 妊娠そのものを受容することが困難（望まぬ妊娠，10 代の妊娠）
- 子どもへの愛着形成が十分に行われていない（妊娠中に早産等何らかの問題が発生したことで胎児への受容に影響がある。長期入院）
- マタニティーブルーズや産後うつ病等精神的に不安定な状況
- 元来性格が攻撃的・衝動的
- 医療につながっていない精神障害，知的障害，慢性疾患，アルコール依存，薬物依存
- 被虐待経験
- 育児に対する不安やストレス（保護者が未熟等）　等

2. **子ども側のリスク要因**
- 乳児期の子ども
- 未熟児
- 障害児
- 何らかの育てにくさを持っている子ども　等

3. **養育環境のリスク要因**
- 未婚を含む単身家庭
- 内縁者や同居人がいる家庭
- 子連れの再婚家庭
- 夫婦関係を始め人間関係に問題を抱える家庭
- 転居を繰り返す家庭
- 親族や地域社会から孤立した家庭
- 生計者の失業や転職の繰り返し等で経済不安のある家庭
- 夫婦不和，配偶者からの暴力等不安定な状況にある家庭
- 定期的な健康診査を受診しない　等

れた子どもが可愛いと思えない」「母親としての自信が持てない」などの訴えが周囲に聞き入れられず，「頑張れ，努力しろ」式の対応が繰り返され，しばしば問題が深刻化してしまう。

いわゆる「マタニティ・ブルー」が，出産直後から1週間頃までの間に50〜70％の女性に見られる一過性の気分と体調の不調であるのに対して，産後うつ病は，出産後数週から数カ月の間に10〜20％の母親に出現するとされる。実家や夫，友人などからのサポートの乏しさといった心理社会的要因や，最近生じた何らかの好ましくないライフイベントの影響などが大きい。

レジリエンス

レジリエンス（リジリアンス）は，逆境やトラウマ，危機や深刻な困難を乗り越え，生き抜き，成長する力や適応のプロセスを意味する。これは逆境で生きる子どもたちを研究する中で注目されるようになった概念である。米国ハワイ州カウアイ島の子どもたちを対象に行った30年にわたる追跡調査研究は，貧困やコミュニティの崩壊，不安定な家庭状況や親の精神的不調状態にも関わらず，およそ3分の1の子どもたちがハンディをものともせず，自信に満ちた若者に成長した事実を発見した（Werner & Smith, 1992）。例えば，周囲に少なくとも一人，親身になってくれる大人がいたことやその人との信頼関係などが，困難を克服するために役立ったと考えられている。

ウォーリン夫妻は，暴力や虐待，親の精神疾患や家庭崩壊，貧困といった問題の多い家族で育ち，生き延び，困難を克服した25名の成人サバイバーにインタビューを行い，サバイバーのレジリエンスの典型的なありようを，洞察，関係性，独立性，イニシアチブ，ユーモア，創造性，モラルの7つに分類し，それらが

5-2 養育のためのシステムづくりが困難になる場合

図 5-4　リジリアンス・マンダラ（ウォーリンとウォーリン，2002）

94 　　　　　5章　子どもが育つ場としての家族

幼い子ども時代から，思春期，青年期，成人期と時を経ていく中でどのように表現されるのかを「リジリアンス・マンダラ」として示している（図5-4）。つまり，逆境を乗り越えてきた奮闘のプロセスを，レジリエンスの発現としてとらえることで，当事者の能力や回復力，努力が敬意をもって承認され，より力強い生き方を可能にすることになる。

　レジリエンスの概念は，過去のトラウマや困難な生育環境により，人は深刻な心理的問題や行動的問題に苦しめられるといった従来の医学心理学的モデルを超えて，私たちがより豊かな人生を送るために非常に大切なものである。

5-3　親子関係の変容

　子どもが小学校に入り，人間関係が家族の外に開かれていくと，養育のためのシステムはその役割を次第に変化させていく。そもそも生存や身体の安全のために必須だった親子関係は，心理的サポートや教育・しつけ提供の源泉となってその後も長く続くが，親が子をケアするという一方向性のベクトルが，親から子，子から親への双方向性の授受関係へと変容していく。

　親子関係の変容は，縦のつながりから対等性に基づいた横のつながりへの変化としてもとらえられる。これは，友人など，親以外の他者との関係形成や，子どものアイデンティティの確立とあいまって進む過程であり，親子が対等な人間同士として意見を交わしたりし合うことができるようになることでもある。

親離れ・子離れの難しさ

　しかし，対等な横のつながりへの変化とは，親子関係が友人関係と同次元に紛れてしまうことではない。親に頼りすぎたり，親

5-3 親子関係の変容

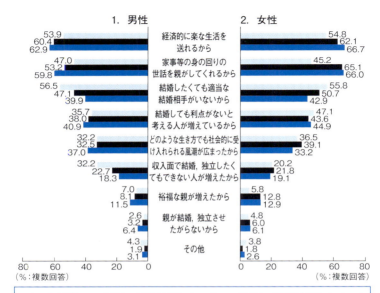

凡例: 親同居未婚者 ■世帯内に親同居未婚者がいる人 ■世帯内に親同居未婚者がいない人

〔備考〕 1. 内閣府「国民生活選好度調査」(2001年) により作成。
2. 「近年，結婚しない人が増えており，なかでも親と同居し，日常的な生活の世話をしてもらっている，20代後半から30代の未婚者が増えていると報告されています（「パラサイト・シングル」ともいわれています）。あなたは，このような人達が結婚し独立しない背景として，次のような考え方のうち，どれが強く働いていると思いますか。次のうち，あてはまるものすべてお答えください。」という問に対する回答者の割合（複数回答）。
3. 回答者は，家族形態が単独世帯，夫婦のみ世帯以外の男女で，親同居未婚者（親と同居している25～39歳の未婚者）が219人，世帯内に親同居未婚者がいる人（親同居未婚者本人は除く）が643人，世帯内に親同居未婚者がいない人が2,031人。

図 5-5 パラサイト・シングルが独立，結婚しない背景についての考え方
（内閣府「国民生活白書」平成13年）

の意向に巻き込まれすぎないためには親からの心理的離乳を果たすことが欠かせず，親の側も，子どもに干渉したりコントロールしたい誘惑を抑えて，一人の他者として子どもを尊重しなければならない。これは，親子ともどもが適切な自己分化（3章 p.52，7章 p.132 参照）を果たすという課題でもある。

逆に，両親の夫婦仲が悪く，どちらかが子どもに精神的に依存したり，取り込んだりする三角関係や，あたかも親と子どものケアの役割が逆転したかのような「親役割代行（親代わりの子ども）」という現象も稀ではない。

また，最近では，世代間境界の曖昧な「友だち親子」がもてはやされたり，「パラサイト・シングル」や，「ニート」などが社会問題となっている。物質的に豊かで，一見，物分かりがよく寛大な大人たちが増えた結果，親離れ・子離れの問題は，これまで以上に複雑になってしまったのかもしれない（図 5-5，図 5-6）。

参 考 図 書

レーナー，H.　高石 恭子（訳）（2001）．女性が母親になるとき――
　　あなたの人生を子どもがどう変えるか――　誠信書房

　子どもの出産や母になることが，女性の人生や夫婦関係にどのような影響を与えるか，女性の心理発達とどう関わるかについて，家族療法家である著者が，自身の経験も交えつつ解説している。これまであまり語られてこなかった側面が忌憚なく語られている。

大日向 雅美（2000）．母性愛神話の罠　日本評論社

　いまなお社会に広く深くはびこり，幼い子どもをもつ母親の言動に影響を与え続ける母性愛神話について，様々な角度から批判を加えている。実際に寄せられた相談例や著者自身の経験が述べられ，読者は，

5-3 親子関係の変容

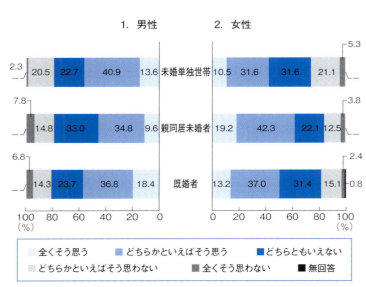

(備考) 1. 内閣府「国民生活選好度調査」(2001年)により作成。
2. 「あなたは,親子の付き合いも友人のような関係であってもよいという考え方について,どのように思いますか。」という問に対する回答者の割合。

図 5-6 親同居未婚女性は友達親子に肯定的
(内閣府「国民生活白書」平成 13 年)

他の女性と対話するような気持ちで読み進めることができる。

シャファー，H. R.　無藤 隆・佐藤 恵理子（訳）（2001）．子どもの
　　養育に心理学がいえること――発達と家族環境――　新曜社

　実の母が育てるのがよいか，子どもの問題行動の原因は家庭にある
のか等，子ども・家族・精神的健康をめぐり投げかけられてきた種々
の疑問に，できるだけ根拠のある見方と答を提供したいという意図で
著された。欧米における実証研究を概観することができる。

数井 みゆき・遠藤 利彦（2005）．アタッチメント　ミネルヴァ書房

　親子や母子間の特別な絆というより，誰かが一貫してわが身の安全
を保護してくれるという信頼感こそがアタッチメントの本質だろうと
いう理解から，アタッチメント理論を見直す意図で執筆された。パー
ソナリティとの関係や生涯発達の観点が強く打ち出されている。

吉田 敬子（2000）．母子と家族への援助――妊娠と出産の精神医
　　学――　金剛出版

　妊娠・出産期は，女性も精神的問題が頻発する時期であるにも関わ
らず，わが国では，この領域の心理援助は多分に軽視されいまに至っ
ている。英国で臨床経験を積んだ著者が，妊娠・出産領域で働く人々
のための入門書として本書を著した。

平木 典子・柏木 惠子（編著）（2015）．日本の親子――不安・怒り
　　からあらたな関係の創造へ――　金子書房

　現代の日本の親子関係の特徴や課題が，日本の家族や子育ての特質
性，文化的背景，発達的観点から分析されているとともに，不登校や
引きこもり，非行や逸脱行動，虐待といじめなどの親子関係の問題が
臨床的観点から述べられている。

ゴードン，T.　近藤 千恵（訳）（1998）．親業――子どもの考える力
　　をのばす親子関係のつくり方――　大和書房

　「子どもが育つ上で親がいかに関わるか」という，親の側に焦点を
当てて子育てを見直す「親業」に関して，子どもを尊重しながら相互
理解を深め，サポートしていくことの大切さを解説している。

変化する社会の中の家族

　個人が周囲の人と交わらず，たった一人で生きることが難しいのと同じように，家族が社会と関わりをもたずに存在することもまた難しい。家族は，地域社会の一構成要素として社会から様々な影響を受けつつ，同時に社会に何らかの影響を与えている。

　本章では，改めてシステミックな認識論に基づいて家族を考えてみたい。家族を1つの関係系ととらえる家族システム理論において，階層や次元の異なる数種類のシステムと家族との相互影響関係を重視する視点がうち出されてきた。刻々と変化する現代社会の影響を受けて，私たちの家族のありようや家族生活の実際が，どのような変化や揺らぎを経験しているかという問題にも目を向けてみよう。

6-1　システムとしての家族

　家族は，年齢や性別が異なり，ものの見方や振る舞い方もそれぞれにユニークな個性をもった人々が集まって，相互に影響を与え合いながら共に生活を営んでいる。同じ家族として暮らしているからといって，必ずしもよく似た子どもが育つわけでもなく，だからといって，家族の影響と全く独立して個人の成長や発達があるわけでもない。個人のありよう，個人が生きる場としての家族のありよう，そしてその両者の相互作用の影響や連鎖を，できるだけ現実に即して理解しようというねらいから，家族システム理論が提唱された。

家族システム理論

　システムとは，「意味のある要素の集まり」と定義される。たまたま近くを歩いている人間数名を集めてきても，相互の関係性がないため，システムとは呼べない。しかし，「家族」は，メンバー一人ひとり（「要素」）が相互の関係性や歴史性を共有しており，ひとまとまりの（意味のある）統合体として機能していることから，一つの代表的なシステムと見なすことができる。

　家族システム理論は，ベルタランフィ（von Bertalanffy, 1968）の一般システム理論や，ミラー（Miller, 1978）の生物体システム理論などの影響を受けて誕生した。ベルタランフィは，細かい要素に厳密に分割・還元し，因果関係を同定することによって数々の事象を解明してきた 1960 年代当時の科学界に，従来とは異なる新たなものの見方を提唱した。すなわち，要素還元主義を否定し，物事を環境から切り離すことなく，それが置かれた関係性や文脈ごととらえる視点を重視し，そのための基本的な認識論を**一般システム理論**と命名した。

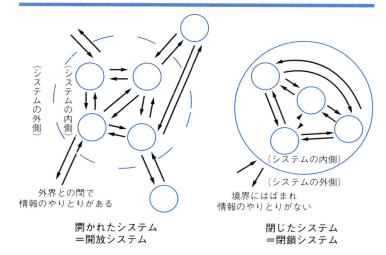

図6-1 開かれたシステムと閉じたシステム（中釜, 2001）

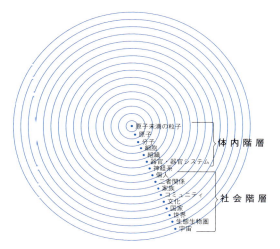

図6-2 より広範な目でとらえたシステムの階層性
（Becvar & Becvar, 2003より）

一般システム理論によれば，無生物・生物・精神過程・社会過程を含むすべてが，その構成要素相互が何らかの関係性を有しているシステムとして，共通の特徴を備えているとされる。それらシステムには，取り巻く環境との間でエネルギーや情報，物質などのやりとりがある**開放システム**と，そうではない**閉鎖システム**の2種類がある。機械やぜんまい仕掛けのおもちゃ等はそれ自体で完結した閉鎖システムのたとえであり，家族・社会・人間等の生きているシステム（生物体システム）は，すべて開放システムである（**図6-1**）。

また，ほぼ同時代にウィーナー（Wiener, 1965）が**サイバネティクス理論**（自動制御理論）を唱え，制御・調整・フィードバックループ等の考え方を通してシステムの特徴を説明している（**Topic 6-1**参照）。家族システムを維持している自動調整プロセスに寄与するメカニズムは，このサイバネティクスにおける自動制御装置にたとえて理解される。

システムの階層性

家族をシステムとみなすと，家族を構成する一人ひとりのメンバーは，それより小さな単位のシステム，すなわち，家族の下位システム（**サブシステム**）にあたる。一人ひとりの人間は，さらに小さな細胞システムや器官システムが集まって構成されている。各細胞や器官もそれを構成するさらに小さな要素が相互作用により一貫した関係性を保ち，機能しているという意味でシステムである。他方で，拡大家族や親族集団，コミュニティなども，複数の家族などから成るより大きなシステムとみなすことができ，家族の上位システム（**スープラシステム**）と呼ばれる。ある1つのシステムは，境界によって内外を分かつことで独自性を維持して

6-1 システムとしての家族   103

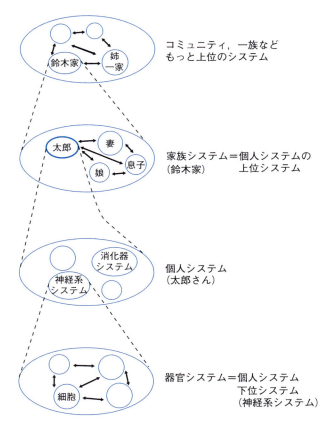

図6-3 システムの階層性（中釜，2001）

104　　　　　6章　変化する社会の中の家族

いる。そして自分より上位のシステムに対してはその一部分として，下位のシステムに対しては，ほぼ自律的な全体のごとく機能する。このように種々のシステム自体も，一連の階層的次元にしたがって相互に関連している。これを**システムの階層性**という（図6-2，図6-3）。

円環（循環）的因果律

　閉鎖システムでは原因と結果が明確で，物事の因果の流れを容易に辿ることができる。その一方，開放システムでは，関わり合うすべてのことが互いに影響を与えつつ機能するため，因果の流れをもれなく辿ることが困難である。つまり開放システムでは，因果関係は曖昧で，事象の生起は円環的，循環的に辿るしかできない。ある1つの原因がある1つの結果を引き起こすような一方向性の原因―結果のつながりを**直線的因果律**といい，開放システムを特徴付けるような多方向にわたる相互的な連鎖を**円環（循環）的因果律**という（図6-4）。

　私たちはしばしば，「父親が厳しいので子どもが反抗的になった」「長男の帰宅が遅いので，母親が苛立っている」など，単純な直線的因果律（認識論）によって問題の原因を探ろうとする。直線的因果律による認識は，明快で分かりやすいが，現実のリアリティを適切に反映しているとはいえない。実際は，様々な相互影響関係によって問題は成り立っており，そこに家族全員が何らかの形で関与したり，巻き込まれたりしているのが，家族のありようの現実である。

形態維持と形態発生

　システムの内外に生じた様々な変化に対して，もとの安定を維持する働きを**形態維持**（モルフォスタシス）と呼ぶ。生命体シス

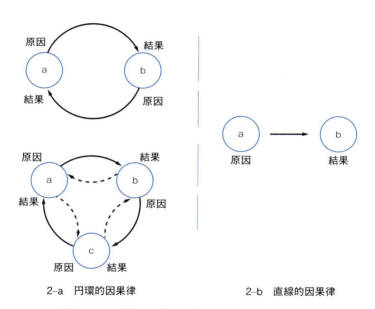

2-a 円環的因果律　　　　　　　　2-b 直線的因果律

図 6-4　円環的因果律と直線的因果律（中釜, 2001）

テムにおけるホメオスタシスはその典型的な例である。サイバネティクス理論によれば，環境にある種の変化が生じると，システムはフィードバックを働かせてその変化を制御抑制しようとする（**ネガティブフィードバック**），家族システムはこの制御機制により，家族を揺さぶるような出来事に半ば自動的に対処し，恒常的な家族関係を維持しようとする。このように，システム全体は維持されたままで，システム内で起きる変化を第一次変化と呼ぶ（**図6-5**）。

　このネガティブフィードバックとは対照的に，システムの変化を促進，拡大するような相互作用をポジティブフィードバックという。例えば，夫婦のコミュニケーションで，互いに不満や憤りをぶつけ合うことが続くと，両者の対立はどんどん深刻化していく。しまいには別居や離婚などに至り，夫婦システムや家族システムが維持できなくなる。良きにつけ悪しきにつけ，このようにシステム自体が改変されてしまうような変化を**形態発生**（モルホォジェネシス）または第二次変化と呼ぶ。ネガティブフィードバックが相補的な関係性において起こりやすいものであるのに対して，ポジティブフィードバックは対称的な関係性において起こるものである。ライバル同士，互いに張り合って成績や成果を高め合うというのも，その一つの例である（**図6-6，図6-7**）。

　家族は，あるときは形態維持機能によって変化を抑制し，システムの安定性を保つ。また，家族ライフサイクルの移行期など，システムの変化が求められるときには，形態発生や第二次変化によって，システムとしての変化・成長を達成していく。

生態システムとの関連から家族を理解する

　生態システムは，円環（循環）的認識論や，システムの階層性

Topic 6-1　サイバネティクスとフィードバック

　サイバネティクス（制御理論）とは，システムの自動調整機能を説明する理論である。身近なサイバネティクスの一例は，エアコンのサーモスタット（自動調節機能）である。例えば，冬季に部屋の温度を20℃に保とうと，エアコンの温度調整つまみを20℃に設定したとする。すると，室温が20℃になるまでは暖房機能が働き，20℃を超えると（いう情報を感知することにより）自動的に切れる。そして温度が20℃以下に下がると再び暖房機能が働き，20℃という室温を目安とした，ある程度以上の変化が起こらないように自動調整を行う。このように変化を抑制するようなフィードバックをネガティブフィードバックと呼ぶ。

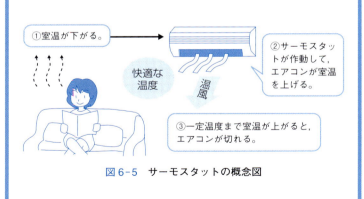

図6-5　サーモスタットの概念図

の考え方などと大きく関連する。家族の問題を理解する際，家族メンバーそれぞれの性格特性や家族内の相互関係の影響を超えて，環境全般にわたる多様な要素が絡まり合って生じ，維持されている事態という視点が不可欠になってくる。社会システムや生態系までを視野に入れて，家族システム理論に一層広範な視野をもたらそうとする理論のことを，特に**生態システム理論**と呼ぶ。

生態学（エコロジー）とは，生物と環境の関係を扱う科学である。個体やそれ以上のレベルにおける生命現象を，気候や地形，食物や捕食者，寄生者といった物理的環境はもちろん，社会制度や役割などの社会システムとの関係も考慮に入れて理解する重要性が強調されるようになった。とりわけ近年では，自然環境破壊や自然保護の意識が高まったことに伴い，個人の心理内界に問題意識が偏りがちだった心理学においても，人も生物界の一要素であり，生態系の中で私たちの生活が成り立っているという前提が重視されるようになった。このような生態学的な発想こそまさに，システム論の本質でもあるといえるだろう。

6-2　変動する文化社会的コンテクスト

前節でみてきたように，時代や文化や社会の変動を踏まえて，家族を理解することが欠かせない。家族に関連する統計やデータは，家族が大きく変化しつつあることを示すものが多く，現代において，家族という形態が必要なのかという議論さえある。その一方で，子どものしつけや養育の場としての家族の重要性が改めて強調され，繰返し説かれてもいる。以下では，家族の変化・変動という観点から，現代の家族を取り巻く文化社会的コンテクストについて，4つの角度から考えてみたい。

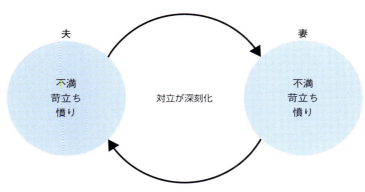

図 6-6 夫婦関係におけるポジティブフィードバックの例

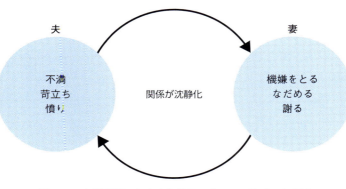

図 6-7 夫婦関係におけるネガティブフィードバックの例

110 6章 変化する社会の中の家族

弱体化する地域社会

　家族を取り巻く近隣コミュニティの変化としては，**地域社会の弱体化**をまず始めに取り上げなければならない。

　歴史を紐解くと，日本は，長子単独相続という伝統が長く続き，男子，特に長男に偏った相続を行う父系直系制の社会だった。「いえ」制度と呼ばれる伝統的な家族制度が，家族や親族の固い絆を作り上げてきた。

　さらにそれを補完し，地域社会の安定を保つ役割を担ってきたのが隣近所のつながりや助け合いなどに象徴される近隣コミュニティの存在である。これら，血縁・地縁のネットワークが社会の安定化に永らく貢献してきたが，この半世紀の間に，**「いえ」制度**の解体に伴い親族ネットワークが，さらには，近隣コミュニティの結びつきが急激に弱まった。個々の家族を支える旧来の仕組みが消滅しつつある一方で，それに代わるコミュニティ再生の拠点として，保育園や幼稚園，学校などの公的機関などに新たな期待が寄せられている。人々はある土地に生まれ育ち，あるいは，移り住み，あるとき，そこを離れていく。現代は，隣近所の住人の顔も知らず，素性を知らない人々が道をすれ違う状況が当たり前となりつつある。子どもが遊ぶ公園や広場は，かつてのように，誰かしらの目が行き届いた安全な場所から，思いがけない危険が潜む場へと様変わりしつつある。現代型コミュニティは，わが子の身の安全を親が自己責任で守らなければならなくなってきた社会でもあるかもしれない（**図6-8**）。

　他方，個々の家族システムに対する上位のシステムからの影響力が弱まることは家族それぞれの自由度の高まりを意味するものでもある。そこには，個性やプライバシー尊重の姿勢が行きわた

6-2 変動する文化社会的コンテクスト

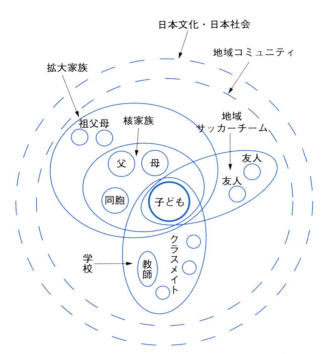

図 6-8 子どもを取り巻く様々な環境（中釜, 2001）

り，互いの生活や行動に不用意に干渉しなくなったよさを認めることもできるだろう。

家族の少子化・核家族化

次に，家族の構造変化として，**少子化・核家族化**に目を向けておこう。子どもの出生率は2005年に，出生数は2014年にそれぞれ過去最低を記録した（**図6-9**）。また，単独世帯が増えるとともに，家族の大半は，多様な人間関係を内に孕む複雑な集合体から，夫婦・親子からなる少数の人の集まりになった（**図6-10**）。

したがって，家庭生活において子どもが，多様な人間関係からごく自然に学ぶ機会は激減している。例えば，兄弟姉妹が互いに争ったり対等にやりあったりする経験も，親子の関係が煮詰まったときなどに身近で助けてくれる祖父母や叔父叔母が同居する家族も少なくなった。親にとっては，集中的に子育てにエネルギーを投入できるメリットもある一方で，子どもと親が四六時中顔を突き合わせていることから，親子関係が複雑になりやすくもある。子育てが母親一人だけの手に委ねられた場合は特に，排斥的な母子密着状態が生じ，子どもの心理的不適応を導いてしまうことすらある。

特に母親の育児負担に対して，子育ての負担を集団成員間でシェアする，すなわち母親以外による育児「アロマザリング（allomothering）」（根ヶ山・柏木，2010）が活用されることが大切であるという指摘がある。そのためには，父親の協力はもちろん，祖父母との同居や協働が有効であるとされる。関連して，最近では，母親の社会進出率が比較的高い福井県や秋田県などの子どもの学力が相対的に高く，その背景には，三世代同居による家庭の子育て力や教育力の高さがあるとも論じられている。

6-2 変動する文化社会的コンテクスト

資料：厚生労働省「人口動態統計」

図6-9 **出生数及び合計特殊出生率の年次推移**（内閣府HPより）

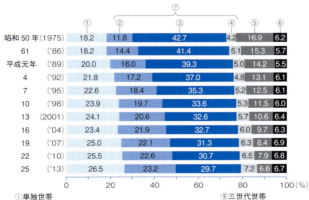

①単独世帯
　One-person household
②夫婦のみの世帯
　Household of couple only
③夫婦と未婚の子のみの世帯
　Household of couple with unmarried children
④ひとり親と未婚の子のみの世帯
　Household of a single parent with unmarried children
⑤三世代世帯
　Three-generation-family household
⑥その他の世帯
　Other households
⑦核家族世帯
　Nuclear family household

図6-10 **世帯構造別にみた世帯数の構成割合の年次推移**（政府統計「平成26年 グラフでみる世帯の状況」より）

6章　変化する社会の中の家族

ただし，祖父母らとの三世代同居が常に望ましい結果を導くとは必ずしも言い切れない。祖父母世代と父母世代の間の様々な葛藤や勢力争い，世代間境界の曖昧さなどによる家族システムの機能不全により，子どもの不登校や非行などの問題が顕著になることも少なくないことを指摘しておこう。

コミュニケーションの変質

第3に，高度先端技術がもたらした**コミュニケーションの変質**が挙げられる。現代は，大型スーパーやコンビニエンスストア，ネットショッピングなどの普及，さらには，機械化・自動化・無人化推進によって，他者とあまり言葉を交わさなくても暮らしていける時代になりつつある。同時に，テレビやインターネット，携帯電話やスマートフォン，SNS等からは，様々な情報がリアルタイムで飛び込んでくる。これらは大変便利である一方で，それぞれの人が生きる現実生活のありように関係なく，良いもの悪いものの区別なく雑多な情報が続々と送り込まれる。それは，とらえ方によってはほとんど強制的とさえ言えるだろう。この種のコミュニケーションはまた，従来の対面型のコミュニケーションのように，相手の立場に配慮する双方向的なものというよりも，一方向的で受け手の立場を顧みないやりとりになることも多く，その結果としての社会問題が少なからず生じている（**図6-11**）。

その一方で，それらのツールが配偶者や別居している単身赴任者や子どもとの有効なコミュニケーション手段となっていたり，従来の知人とのコミュニケーションや，同じ趣味や悩み事・相談事を持つ人を探したり交流を広めるために活用されているなど，現代社会においてなくてはならないものとなっている（**図6-12**，**図6-13**）。

6-2 変動する文化社会的コンテクスト

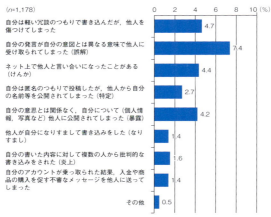

図6-11 SNS上でのトラブル経験の内容
(消費者庁「SNSの動向整理」, 2016)

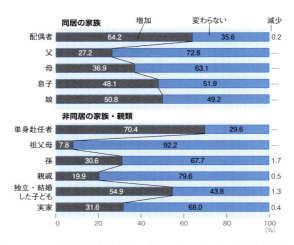

図6-12 ITが家族や友人とのコミュニケーションの増加に寄与
(内閣府「ITによる家族への影響実態調査」, 2001より作成)

個人の発達のとらえ方の変化

　第4に，**個人の発達観が変化**してきたことを挙げよう。私たちは成人期に発達が終わるものではなく，生涯を通して成長し続ける存在である。「成長した完成体としての大人と，発達途上の未完成の子どもからなる家族」という従来のイメージからは，「心身ともに成熟した親が，子どもの変化や成長を，促進し見守る」といった構図が思い浮かびやすい。だが，現実はそれほど単純ではなく，「発達の途上にある親と，同じく発達の途上にある子どもが一つ屋根の下に暮らし，共に変化や成長の過程にある」というのが実際である。そのような生涯発達の視点が強調されたことにより，親といえども日々，変化・成長の過程にある存在であることが周知されるようになった。また，平均寿命の長期化が，社会の価値観の変化を伴い，成人初期に選んだアイデンティティを一生貫き通す従来型の生き方から，それにとどまらない様々な可能性を模索し，選択し直す生き方への移行が可能となった。そのような背景から，世代の異なる家族メンバーのそれぞれの発達段階の節目や生き方の変化が悪影響を及ぼしあって，家族システムが機能不全にならないように柔軟に対応・調整する力が重要となる（**図6-14**）。

　現代社会は大きな変化・変動にさらされている時代である。現代の家族は，従来の伝統的な家族のありようから，それぞれの状況や多様な価値観に合わせた新たな関係，新たなシステムを模索していく必要性があると言えるだろう。

6-2　変動する文化社会的コンテクスト

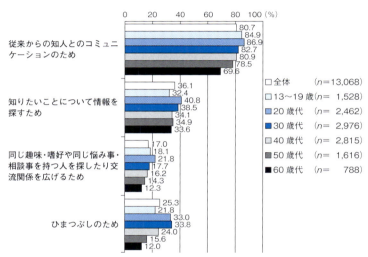

（注）選択肢のうち，上位4項目を抜粋
（出所）総務省「平成27年度通信利用動向調査」(2016.3)

図6-13　SNSの利用目的（消費者庁「SNSの動向整理」，2016）

6-3 社会構成主義とは何か

　本章の最後に，社会や家族，個人の多様性を尊重する社会構成主義と呼ばれるものの見方，現実のとらえ方を紹介しよう。

　社会構成主義においては，私たちが従来，自明なものととらえてきた「現実」は，実のところ，言葉や相互のコミュニケーションを介して，私たちがある種の見方で意味づけ，共通理解としてきた社会的構成物にすぎないというものの見方を出発点にすえる。

　この考えは，近代科学を支えてきた客観主義や論理実証主義の限界を受けて，それに対抗するメタ理論として生まれた。社会構成主義に基づけば，認識（行為）は認識する人（行為者）を離れては存在せず，これまで「客観的事実」としてとらえられてきたことは，あくまでもその人の「眼鏡」を通して見たその人にとっての「真実」にすぎない。したがって，唯一絶対の「真実」というものはありえないことになり，何が正しいかという議論はもはや意味をもたない。多様なものの見方，多様な声を大切にすること，そして自分のものの見方，つまり，自分の「眼鏡」を自覚しながら，他者と対話を続け，新たな「意味」や新たな「現実」を協働で織り成していくことこそが大切な営みとなる。ここでは，互いの生き方や考え方を尊重し，「違い」を「間違い」と切り捨てない関係を，いかに構築し，維持していくかということが大切となる。

　この考え方は，1章で紹介した「家族とは何かという絶対的定義があるわけでなく，その社会・人々の現実にとって最適性が探求されていく」という家族観や，ある一定の望ましいとされてきた基準から逸れることを一概に問題とみなさず，それぞれの家族がそれぞれの物語を新たに創っていくことを大いに支える考え方

6-3 社会構成主義とは何か

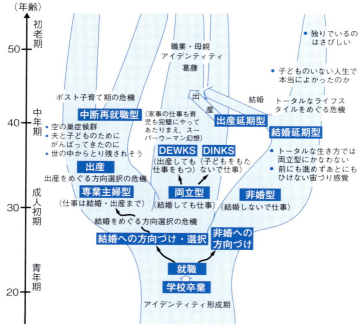

図 6-14 **現代女性のライフサイクルの木** (岡本, 2002)

DEWKS : double employed with kids
DINKS : double income no kids

である。

　また，この社会構成主義の考え方は，ナラティブ・アプローチに代表される現代型のセラピーや心理援助の基盤になっている（Topic 6-2, Topic 6-3）。社会構成主義によれば，私たちが「現実」「真実」とみなしているものは，人々の間での言語のやりとりを通じて，社会的に立ち現れてきたものである。したがって，本人にとっての「現実」は，社会的なコンテクスト（文脈）の強い影響のもとで本人が作り上げ，ナラティブ（物語）の形で維持されているものである。それは，逆の見方をすれば，究極的に万人が一致しうる真理のような現実は存在しないということでもある。

　したがって，社会構成主義では，近現代科学が絶対視する客観的実在論に基づく「真実」は，実は「専門家」による「物語」にすぎない可能性があるとして，その絶対性や有用性に疑問を投げかける。さらに，医師や心理学者などの「専門家」による「病気」という診断や「治療」という考え方こそが，「専門家」に優越性と権力を持たせてしまい，社会統制の仕組みや権力構造を形作り，クライエントや当事者の本来の能力や回復力，可能性を阻害してしまっている危険性が大きいと警告する。だからこそ，クライエントの「物語」が作り上げられる文化的社会的背景を重視し，クライエントが生きる世界においては，まさにクライエントこそが自分自身の抱える問題についての専門家である。よって，「治療」や「改善」とは，クライエント自身の（「問題」や「苦悩」をめぐる）言語実践，つまり，言葉を通してのやりとりや相互作用が変わることによって，「問題」や「症状」のあり方や意味づけが変わり，本人が持つ能力や可能性や回復力がより一層発

Topic 6-2 ナラティブ・セラピー (1)

狭義のナラティブ・セラピーは，クライエントの「現実」は，ドミナント・ストーリーによって方向づけられるという観点を重視する。同時に，「問題」や「症状」は人々の存在とは離れたものであり，人々は自分の人生における「問題」の悪影響を減らすのに役立つようなスキル，遂行能力，信念，価値観，取り組む力などを豊富に備えているという前提に立つ。

ここでは，モーガン（2003）を踏まえて，ナラティブ・セラピーの典型的な5段階のステップを挙げる。

1. 問題や症状が染み込んだストーリーの聴取

クライエントの苦悩は，クライエントの抱えてきた「問題」や「症状」に濃く色づけられている「語り」，すなわち，その人の人生を支配し追い込んでいる「ドミナント・ストーリー」として現れており，それは，人生の（良い意味での）複雑さや矛盾などの様々な可能性を含む余地がない「薄い」語りである。まずは，その「ドミナント・ストーリー」に虚心に耳を傾ける。

2. 問題を名づけ外在化する

「問題」や「症状」を名づけることによって，それらが「外在化」される。その狙いとするところは，クライエントの心や人格に「問題」が潜んでいるのではなく，いわば「外敵」によって苦しめられている存在と，クライエントが位置づけられることである。その上で，命名され外在化された「問題」によって，クライエント本人がこれまでどのような影響を受けてきたのか，どのような苦難の歴史があるのかをセラピストとの間で共有していく。これらのやりとりを通して，クライエントが「問題」によって影響を受けている存在として自分を語れるようになると，前向きさや問題への対処や取組みの意欲，本来の能力や人生に対する興味や関心などが恢復していく。

揮されることである。そして，「専門家」の役割は，クライエントとの（工夫された）対話ややりとりを通じて，クライエントにとってより生きやすい新たな「語り」や「物語」を共に織り成していく営みにほかならない。

参 考 図 書

蓮實 重彦他（1998）．東京大学公開講座 66　家族　東京大学出版会

　家族と教育，高齢者の介護と家族，動物の家族，配偶者選択，家族法改正，コミュニティと家族等のテーマが，教育学者や法律家，精神科医らによって取り上げられている。

落合 恵美子（2004）．21 世紀家族へ──家族の戦後体制の見かた・
　　超えかた──　第 3 版　有斐閣

　「家族の戦後体制」という言葉で，わが国の高度成長期を支えた家族の論理と実際が論じられている。人口統計学的なデータを丁寧に読み解いてくれるので，読者は，ニューファミリー，双系化，個人単位の社会へと進む家族の近代・現代史をよく理解することができるだろう。

中釜 洋子（2001）．いま家族援助が求められる時──家族への支援・
　　家族との問題解決──　垣内出版

　様々に生じた社会変化の中で，現代家族には，自分たちが良いと思う方向性を選ぶ，その道を自分たちの力で歩き，自己決定に責任をとることが求められている。そんな家族の具体例を挙げながら，家族援助の基本概念と面接プロセスについて，解説している。

中釜 洋子（2006）．家族心理学の立場からみた子どものこころの問
　　題　小児内科，38（1），東京医学社

　現代家族が経験している変化について，核家族化・少子化・非婚化がもたらした家族形態の多様化や小型化，近隣コミュニティの消失や

好評書ご案内

心理測定尺度集

〈監修〉堀　洋道

Ⅰ～Ⅳでは，社会心理学，臨床心理学，発達心理学を中心とする心理学の領域で，それぞれの発達段階の人を対象として作成された尺度を選定し，紹介しています。Ⅴ，Ⅵではそれまでの4巻の編集方針を基本的に継承しながら，主に2000年以降に公刊された学会誌，学会発表論文集，紀要，単行本の中から尺度を収集し，紹介しています。

＊電子版も弊社ホームページ（http://www.saiensu.co.jp）にて販売中。

Ⅰ 人間の内面を探る 〈自己・個人内過程〉
山本眞理子 編　　　　　　　　　B5判／336頁　本体2,700円

Ⅱ 人間と社会のつながりをとらえる〈対人関係・価値観〉
吉田富二雄 編　　　　　　　　　B5判／480頁　本体3,600円

Ⅲ 心の健康をはかる 〈適応・臨床〉
松井　豊 編　　　　　　　　　　B5判／432頁　本体3,400円

Ⅳ 子どもの発達を支える 〈対人関係・適応〉
櫻井茂男・松井　豊 編　　　　　B5判／432頁　本体3,200円

Ⅴ 個人から社会へ 〈自己・対人関係・価値観〉
吉田富二雄・宮本聡介 編　　　　B5判／384頁　本体3,150円

Ⅵ 現実社会とかかわる 〈集団・組織・適応〉
松井　豊・宮本聡介 編　　　　　B5判／344頁　本体3,100円

質問紙調査と心理測定尺度
計画から実施・解析まで

宮本聡介・宇井美代子 編　　　　A5判／336頁　本体2,300円

本書は，質問紙調査の実施計画・方法から，心理測定尺度の使い方，結果の整理・解析，論文・レポートの書き方，研究者としての心構えまで，詳しく解説したテキストです。

株式会社　サイエンス社

〒151-0051　東京都渋谷区千駄ケ谷1-3-25　　　TEL (03)5474-8500　FAX (03)5474-8900
ホームページのご案内　http://www.saiensu.co.jp　　　　＊表示価格はすべて税抜きです。

新刊のご案内

臨床心理学への招待
無意識の理解から心の健康へ

森谷寛之 著　　　　　　　　A5判／256頁　本体2,300円

本書は，臨床心理学をはじめて学ぶ人のための教科・参考書です。前著『臨床心理学』を基に，著者がその後の講義経験から得た知見を加え，記述をより詳しく分かりやすくしました。豊富な図版や，詳細な年表なども，長い科学史の一環ともとらえ得る臨床心理学誕生への大きな流れをとらえやすくしています。

認知心理学の視点
頭の働きの科学

犬塚美輪 著　　　　　　　　A5判／264頁　本体2,500円

私たちは「頭」がさまざまな知的活動に関係していることは分かっていますが，その正確な仕組みについてはよく知らないのかもしれません。本書では，そのような私たちの頭の働きを明らかにする「認知心理学」の基礎的な知識について，身近な例に基づいて分かりやすく解説します。はじめて学ぶ方，心について考えてみたい方におすすめの一冊です。

読んでわかる教育心理学

多鹿秀継・上淵 寿・堀田千絵・津田恭充 著

　　　　　　　　　　　　　　A5判／280頁　本体2,400円

本書は，主に教職を目指す方に必要な，「発達と学習」の科目内容に対応した教育心理学のテキストです。教育実践の場での心理学研究の応用に加えて，実際の学びにより活かせるような知見を紹介するよう心がけました。また，これから重視されるであろう新しいテーマについても取り上げています。大学で学ぶ方，通信教育などで自学自習をする方におすすめの一冊です。

好評書ご案内

テキストライブラリ 心理学のポテンシャル
〈監修〉厳島行雄・横田正夫・羽生和紀

急速に変化しつつある現代社会に即応し，課題の解決に貢献しうる心理学の力（ポテンシャル）を分かりやすく伝えるテキストです。半期の授業を意識し，最新の知見を含む内容をわかりやすくコンパクトにまとめました。また，初学者が領域の全容を理解できるよう，初歩から専門的な内容まで網羅しつつ，読むだけで独習が可能なよう平易な記述にしています。

ポテンシャル心理学実験

厳島行雄・依田麻子・望月正哉 編　　A5判／192頁　本体2,300円

心理学を学ぶ上では，机上の学習だけでなく，実験や検査の実習を通じてその方法を習得することが重要となります。本書は，そのような実習を想定し，その基本をわかりやすく案内する教科書です。研究方法の理解に加えて，章末に用意した発展課題と参考図書により，認定心理士，公認心理師等の資格試験対策にもつながるよう工夫がなされています。

ポテンシャル学習心理学

眞邉一近 著　　A5判／272頁　本体2,600円

本書は，ヒト以外の動物でも生じる単純な学習から，ヒトに特有な言語による学習まで，基礎研究で得られた知見に加えて，学習心理学以外の領域や臨床場面での応用事例についても紹介しています。

心理学を学ぶまえに読む本

羽生和紀 著　　A5判／232頁　本体1,750円

ポテンシャル知覚心理学

中村　浩・戸澤純子 著　　A5判／224頁　本体2,300円

ポテンシャル社会心理学

岡　隆・坂本真士 編　　A5判／280頁　本体2,400円

ポテンシャル臨床心理学
A5判／288頁　本体2,400円

横田 編著／津川・篠竹・山口・菊島・北村 著

メディアから読み解く臨床心理学

横田正夫 著　　A5判／176頁　本体2,200円

サイエンス社・出版案内 Apr.2019

新刊のご案内

はじめてふれる産業・組織心理学

榎本博明 著　　　　　　　　　　A5判／272頁　本体2,400円

本書は，はじめて学ぶ人のために産業・組織心理学の基本事項を平易に解説した入門書です。産業・組織心理学の歴史を簡単に展望するとともに，各個別領域の基本的な知見，さらには最新の知見についても，初学者にも理解しやすいように解き明かしています。大学の講義で学ぶ方，通信教育で独習される方，また，ビジネス場面で活動されている方でも気軽に読み進められるようになっています。

対人関係を読み解く心理学
データ化が照らし出す社会現象

松井　豊 監修

畑中美穂・宇井美代子・高橋尚也 編　　　A5判／192頁　本体2,000円

本書は，社会心理学において現象からデータを収集，分析し，理論化するというボトムアップ式の研究をすすめてきた著者陣が，「他者との関係性」「他者とのかかわりの中でとられる行動」「スキル」に関する研究を分かりやすく紹介します。初学者の方のみならず，これから卒業論文や修士論文を書き始める方にとっての事例集としてもおすすめの一冊です。

社会に切りこむ心理学
データ化が照らし出す社会現象

松井　豊 監修

髙橋尚也・宇井美代子・畑中美穂 編　　　A5判／256頁　本体2,200円

本書は，社会心理学において現象からデータを収集，分析し，理論化するというボトムアップ式の研究をすすめてきた著者陣が，「日常的な出来事」「社会臨床」「政策の基盤」に関する研究を分かりやすく紹介します。初学者の方のみならず，これから卒業論文や修士論文を書き始める方にとっての事例集としてもおすすめの一冊です。

Topic 6-3　ナラティブ・セラピー（2）

3.　遂行能力への手がかりを見つける

クライエントの「ドミナント・ストーリー」やそれに強く影響されている「現実」を支持している常識，文化，信念，社会通念などを探り，質問をしていくことにより，それに揺らぎを与え，「脱構築」を試みる。

さらに，「ドミナント・ストーリー」に適合しない，つまり，クライエントが「問題」や「症状」に対応したり，逃れたり，打ち勝ったりした「ユニークな結果」を質問や対話によって探っていく。

4.　新しいストーリーを練り上げる

ユニークな結果にまつわる興味や好奇心を持った対話を重ね，新しいストーリー（「オルタナティブ・ストーリー」）を厚く豊かにしていく。共同作業によって織り成された新しいストーリーの中で，クライエントは新しいイメージを生き，人間関係や人生の新しい可能性と新しい未来を生きられるようになる。

5.　治療や改善の証拠を記録する

クライエントが自ら治療や改善を成し遂げたというプロセスや成果を，面接記録や面接場面の録画録音資料，治療者からの手紙，治療認定書やシンボルなどを授与したり，それを共に分かち合える知人やピア・メンバーを集めて（「リメンバリング」）祝辞を行うなどして，新たに構成された「現実」を確実なものにする。

希薄化，個人の生涯発達の様相の変化といった角度から解説され，子どもが抱える心理的問題との関連について，述べられている。

山田　昌弘（2005）．迷走する家族——戦後家族モデルの形成と解体——　有斐閣

　豊かな生活を目指して頑張った高度経済成長期には，誰もが納得する夢と理想に掲げる「家族像」が存在した。社会の成長が止まる成熟期に入り，進むべき明確なビジョンを失って，家族の内部に様々な問題を抱えるようになったからくりが読み説かれる。

モーガン，A.　小森　康永・上田　牧子（訳）（2003）．ナラティヴ・セラピーって何？　金剛出版

　ナラティブ・セラピーを実践する上で大切なものの見方や鍵概念，援助のスキルやプロセスが，様々なケースを通じて，具体的にわかりやすく説明されている。

家族理解に役立つ臨床理論

　家族を生態システムの一部ととらえ，システミックな視点で家族の成長・機能・問題を理論化したのは，初期の家族療法家たちである。このシステムズ・アプローチは，個人面接から家族面接へ移行する臨床実践のプロセスで家族理解の方法として，また，家族をめぐる関係の問題への介入法として体系化され，家族療法以外の心理療法との相互交流によって，さらに洗練されていった。いまやシステム理論は，個人理解にも他の社会システム（ラージャー・システム）の理解にも広く活用されているが，6章の生態システム理論を家族システムに焦点を当てて要約すると以下のようになるだろう。

　家族システムは，①開放システムであること，②円環的・循環的相互作用の関係で成り立っていること，③その関係には意識的・無意識的ルールが働いていること，④一定のバランスを維持しながら変化していること，である。

　本章では，家族をシステムとして理解する家族療法の諸理論から，特に家族理解に役立つ考え方を紹介することにしたい。

7-1 家族心理の理解に役立つ家族療法の鍵概念

　システム理論は，家族を円環的，循環的相互作用システムとして理解し，個人の問題や症状の解明よりも，部分（個人）と部分（個人），部分（個人）と全体（家族）の関係を理解することを重視する。相互作用や関係を解明するための基本的鍵概念と家族療法の共通用語を手がかりに，家族の心理を理解していくことにしよう。

IP（アイ・ピー）

　家族療法では，症状や問題を示した人を患者（Patient）とは呼ばず，IP（Identified Patient, Index Patient）と呼ぶ。IPとは「患者とみなされた者」「指標となる患者」という意味であり，家族システムの中で，たまたま問題や症状を呈した人，家族システムや家族を取り巻く生態システムがうまく機能していないことを示している人，ととらえられている。症状や問題は，IP個人のSOS（救助信号）であると同時に，より大きなシステムのSOSでもあり，個人は症状や問題をもつことで，無意識に家族システムやラージャー・システム（コミュニティや社会）を支えている可能性もあると理解する（6章図6-2参照）。

　特に，個人の心理的問題や悩み，症状の80〜90％は他者との関係の問題から発生したり維持されたりしており，個人の器質的障害そのものへの治療を必要とするものは20％以下である。この現実を踏まえるならば，個人の症状や問題への理解と支援だけでは不十分であることは明白である。

　したがって，個人療法においても，問題・症状を個人と環境システムとの関連で理解し，個人の変化が及ぼす周囲の変化，また周囲の変化が及ぼす個人の変化を念頭にアプローチする。逆に，

7-1 家族心理の理解に役立つ家族療法の鍵概念　127

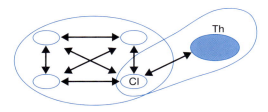

個人療法

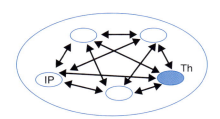

合同家族療法

図 7-1　個人療法と合同家族療法におけるセラピストの関わり
Cl はクライエント，Th はセラピストを表す。

128 　　　　　7章　家族理解に役立つ臨床理論

合同家族面接では，家族全体の変化を支援しながら，同時に一人ひとりの家族メンバーの変化にも留意し，家族システムとしても個人システムとしても変化が統合的に進むことを心がける（図7-1）。

解決の試みがつくる悪循環（more of the same）

　家族の問題をシステミックにとらえるということは，結果の原因を特定することはできないということでもある（6章図6-4参照）。しかし，直線的な因果律でものを考えることに慣れている者にとって，円環的・循環的相互作用によって作られていく関係を理解することは非常に難しい。一般に，個人の症状や問題は直前の出来事や周囲の影響が原因で生じたととらえられることが多い。例えば，子どもの不登校は，勉強ができない，いじめ，親の過保護などが原因で起こっているとみなし，その原因を特定し，取り除くことが解決へつながる，と考えがちである。

　システミックなとらえ方では，不登校は勉強ができないことにもよるかもしれないが，子どもの親の保護を求める行動かもしれない。親が保護すれば子どもは不登校を続け，不登校が続けば一層保護するといったことが起こる。さらに，その親子関係の悪循環に，いじめが加わり，より複雑に問題が維持されている可能性もある。関わっている人々は，症状を何とかなくしたいと解決の試み（attempted solution）をしているのだが，十分な効果をあげていないだけでなく，かえって問題を維持している可能性もあることになる（図7-2，図7-3）。

　特に，家族や学校，職場等，関係が持続する場では，上記のような対処行動や相互コミュニケーションがパターン化されやすく，それにメンバー間の暗黙のルール（例えば「子どもは親の言うこ

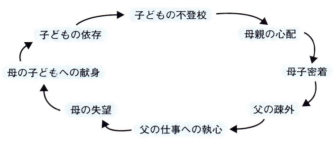

図7-2 対処行動の悪循環と症状の維持

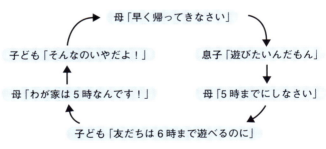

図7-3 コミュニケーションの悪循環と問題の維持

とにしたがうべき」）が支えとなって，悪循環のパターンが維持される。

家族療法では，問題や症状をめぐる悪循環は家族には見えにくいので，セラピストは IP をめぐる周囲の人々の円環的相互作用を観察して，その悪循環のどこが変化すればシステムの健全な相互作用が回復するかを見出そうとするのである。

家族の構造（境界と連合）

家族はいくつかのサブシステム（6 章 p. 102 参照）から構成されており，家族をメンバーの連携の仕方・力関係・役割関係からとらえると，家族のサブシステムの構造がみえてくる。

システムには，ある特徴を共有することによって区別される境界（6 章 図 6-1 参照）があるが，ミニューチン（1983）は，それが家族内の夫婦，父母，父子，母子などのサブシステムの周囲にどのようにつくられ，維持されたり変化したりするのかによって家族の構造が理解できるとした（Topic 7-1）。サブシステム間の境界は適度に明確である必要があり，特に，父母と子どもたちの世代間境界は家族の礎石であることを強調している。境界が曖昧で浸透性がありすぎると情報・刺激の出入りが激しくなり，関係はてん綿状態，あるいは融合したものになる。世代間の境界も個人間の境界もない状態になり，夫婦サブシステム，子どもサブシステムの自律性が保てなくなる。逆に，境界が硬直して浸透性がなさすぎると，情報や刺激による動揺や侵害はないものの，資源の取り入れもなく，関係は遊離・遮断されたものになる。この場合世代間の隔絶，個人の自由の制限が起こりやすい。いずれの場合も家族関係を侵害することになる。

特に，家族のリーダーシップをとる父母システムの連合は重要

Topic 7-1　家族の構造

境界の明確さは家族関係に以下のような特色をもたらす。
- 融合した（fused）境界＝てん綿状態（enmeshed）の関係。
- 明確な（clear）境界＝自立的で，適切な関係。
- 硬直した（rigid）境界＝遊離した（disengaged）関係。

また，連合や境界を家族関係に即して図示すると以下のようになるだろう。

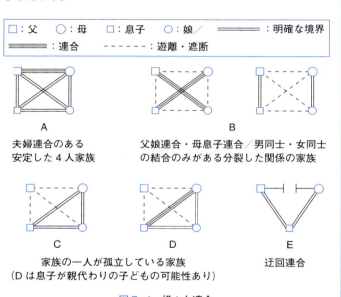

図7-4　様々な連合

迂回連合：夫婦間に葛藤があるとき，子どもの問題行動や症状が親機能の発揮を促し，子どもは夫婦の葛藤を和らげ，あるいは迂回して子どもを通して連合する。

で，そのヒエラルキーが家族の健康維持の鍵になる。夫婦連合が不安定なとき，母子が密着したり，父が実家の母親と連合したりして親子連合がつくられたりする。このような世代間境界の横断は，後で述べる三角関係のもとになり，「親代わりの子ども（parental child）」によって支えられた家族，夫婦連合も世代間境界もない家族になる。その結果，この家族のリーダーシップは子どもがとっている可能性もある（図7-4）。

自己分化

　分化とは，均質なものが異質なものに分かれることを意味するが，ボーエン（Bowen, 1978）は，情緒優勢でこの世に生まれる人間が，知的な機能を徐々に分化させ，情緒的にも知的にも多様な機能が細やかに働くようになるプロセスを自己分化（differentiation of self）と称した（図7-5）。

　自己分化は，個人内および対人間の心理状態・心理活動を示す概念であり，個人内の自己分化とは，情緒と知性が分かれて機能することである。自己分化度の低い人は，情緒と知性が融合的に働き，客観的な判断が必要なときでも感情的に振る舞うため，周囲に感化されやすく，依存する傾向がある。反対に，情緒を切り捨ててしまい，自分自身の感情も他者の感情も理解することが難しく，他者と親密な関係を築けない人もいる。自己分化度の高い人は，情緒豊かで自発性に富みつつ，自己コントロールと客観性をもち，思考と感情のバランスがよい。

　対人間における自己分化とは，個人が家族や他者の期待・影響力から自立している状態である。自己分化度の低い人は自己と他者の区別がつきにくく他者と融合しやすいため，対人関係では盲目的に追従するとか，一方的に排除するなどの動きをとりがちに

図 7-5　ボーエンの自己分化のイメージ（Kerr & Bowen, 1988）
分化度が 25～50 の場合は，情緒に支配された言動をとりがちだが，最低のレベルよりも生活様式は分化している。時には知性を働かせることができるが，周囲の基準を当てにして動く。分化度が 50～75 では，知性と情緒の分化があり，安定しているときは論理的に考え，表現し，不安なときでも情緒をコントロールし，表現したり，動いたりすることができる。分化度が 75 以上の人は多くはなく，90 以上は，人が念願し，追求するレベルであって，めったに到達できない。

なる。他方，自己分化度の高い人は，他者との情緒的結びつきと自立的言動のバランスが取れており，柔軟な対応ができる。

　家族療法の重要な目的の一つに，子どもを親との過剰な情緒的巻き込まれから解放し，子どもの自立的成長に戸惑っている親を支援することがあるが，これらは親子の自己分化を高め，適切な距離の確保のための援助をしていることでもある。

　ボーエンは自己分化度を融合から分化への連続線上にとらえてイメージしたが，前記のミニューチン（1983）は融合をてん綿状態（enmeshed）ととらえ，遊離状態（disengaged）との中間の適切な距離のとり方を推奨した。

三角関係

　家族が相互に関わる様子を見ていると，家族メンバーが様々な3人組（triad）を形成していることが分かる（図7-6，図7-7）。3人家族の場合，3人組は1種類だが，4人家族には4種類，5人家族には9種類の3人組ができることになる。3人組は，家族内の3人が関心を同じくしたり，協力したり，相互に支え合ったりすることのできる最小の関係であり，ある二者関係が危うくなっても第三者がそこに関わることで相互作用が回復することもある。いわゆる「仲良し3人組」は，図7-8のように2人で関わり合うことも他の二者関係に関わることもでき，2人でつくる関係よりも，機能的な動きをする可能性がある。

　一方，家族システムには，三角関係（triangle）と呼ばれる情緒サブシステムも形成されやすい。三角関係とは，二者間にストレスや危機が生じたとき，一方が第三者を自分の味方につけたり依存対象にしたりしてつくる2対1の関係である。初期のストレスは，新たな二者関係と1人のアウトサイダーにより一時的に緩

7-1 家族心理の理解に役立つ家族療法の鍵概念　　135

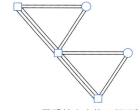

夫婦連合のある核家族の親子関係　　　　男系拡大家族の親子関係

図 7-6　安定した三者関係

図 7-7　4人家族が作る3人組の種類

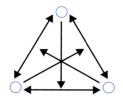

図 7-8　相互関係と関係への関わりがある3人組

和されるが，アウトサイダーが不安定になったとき，前のパートナーを取りもどそうと 2 人に介入し，葛藤を再燃させることもある。逆に，アウトサイダーも他の安定の方法を見出し，最初の 2 人のストレス関係は放置されたまま，三角関係は硬直化し，最初の関係が崩壊に至ることもある。

例えば，葛藤状態にある夫婦の片方が子ども（あるいは親）と連合して，配偶者を排除して三角関係をつくり，配偶者は仕事に没頭したり，浮気をしたりして，夫婦間の葛藤が放置されている場合である（図 7-9）。

三角関係は，家族のライフサイクルのあるステージから次のステージへ移る過渡期に起こりやすいとされ，変化の必要を知らせる信号と受けとることが重要である。

情緒的遮断

情緒的遮断（emotional cutoff）とは，人が源家族との融合やてん綿状態から情緒的に分離するために用いる言動である。情緒的遮断には，①密着している家族メンバーとの接触を回避する，②合法的家出（通学・通勤圏外の学校・大学・職場を選択し実家を離れる等）により，物理的に距離をとって，コミュニケーションを減らす，③同一化できる集団に帰依して家族を捨てる，等がある。言いかえれば子どもの親離れの試みと受けとることもできるが，同時に，生涯にわたる関係の遮断を意味することもあり，遮断は矛盾に満ちた関係をつくり出す。情緒的に傷つきやすい接触を避けることで，一時的に不安が低減され，融合は解消されるのだが，同時に相互に関係を疎外し，自他を孤立化させることにもなるからである。

例えば，親子連合で三角関係を維持していた子どもが仲間との

7-1 家族心理の理解に役立つ家族療法の鍵概念

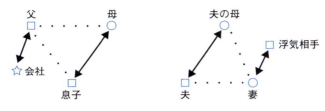

図 7-9 固着した三角関係

夫婦連合のない融合・孤立　　　　情緒的遮断による親子関係

図 7-10　夫婦連合のない子どもとの融合・情緒的遮断がある関係
夫婦連合が危うく，父を孤立化させて母親と融合した関係をもっていた息子（左）が，恋人ができたことにより母親と情緒的遮断をした（右）。それにより父母の連合が生まれる可能性もあるが，逆に，母親の孤立化を招き，息子は母との明確な境界を保つことができなくなる可能性もある。

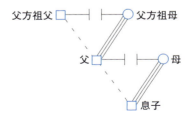

図 7-11　母子連合が招く 2 世代にわたる情緒的遮断

交流を活発に始める青年期になったとき，三角関係から脱するために，情緒的遮断を実行するといった場合である。親が子どもの自立を無意識のうちに妨害するとか，親の不仲を心配した子どもが不安の高い親に加担してしまうといったことが起こると三角関係となり，モラトリアムの遅延や，いきなり無謀な情緒的遮断が企てられることもある（図7-10，図7-11）。

このような親子関係の断絶は，両者にとって心理的負荷となるばかりでなく，子どもは，新しい仲間や友人，あるいは恋人との間で再び親子関係に似た依存・密着・葛藤・遮断を繰り返し，安定した関係を築くことができないこともある。また，残された親は，夫婦関係が子どもに支えられていたことに気づき，夫婦連合の欠如という問題に初めて直面する。関係が再編できないほど関係が硬直化している夫婦は，このとき離婚に至ったり，どちらか一方あるいは双方に心身の症状が現れることも少なくない。

多世代伝達過程

多世代理論を開発したボーエン（1978）やボゾルメニィ－ナージ（Boszormenyi-Nagy, 1986）によると，家族の問題は単なる現在の家族相互作用の悪循環や家族ライフサイクル上の躓きだけではなく，多世代にわたって発展した問題でもあるととらえられる。ボーエンは，ジェノグラムを描き（図7-12，図7-13），少なくとも3世代以上の観点から家族の問題を縦断的に理解することで，家族が現在の関係の中で感じている罪悪感や非難を軽減することを勧めている。

家族は，家族療法家と共に家族の生成の歴史を再検討することで，現在直面している苦境が数世代にわたって受け継がれたトラウマや危機の名残であったり，ある家族メンバーの過剰な負担

7-1 家族心理の理解に役立つ家族療法の鍵概念

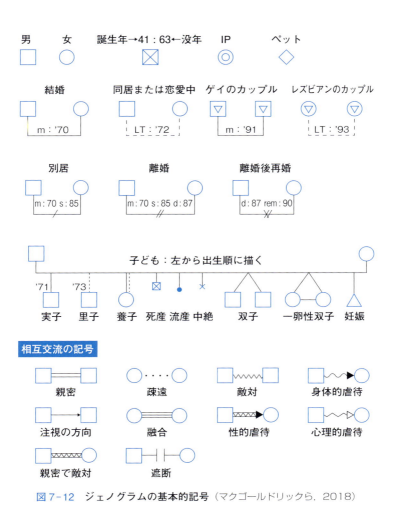

図7-12 ジェノグラムの基本的記号（マクゴールドリックら，2018）

140 7章 家族理解に役立つ臨床理論

（破壊的権利付与）の表現であったりすることを了解することができる。それらは時に家族の歴史の中で，垂直に，また水平にふりかかったストレス（2章図2-3参照）の発見につながることがあり，ある家族メンバー一人を非難や責任から解放するだけでなく，その痛みや傷を癒すチャンスにもなる。

　破壊的権利付与（destructive entitlement）とは，ボゾルメニィ－ナージ（1986）の理論の重要な概念で，脆弱な子ども時代に受けた不当な扱いなどによる不正義の結果，他者に対して破壊的に振る舞ってもよいかのような言動をとるようになることである。いかにも冷淡で，他者の痛みを理解できず，思いやりや愛情がないように見える人が，実はそれ以上の痛みや苦しみを過去に体験していることが多い。

　多世代の視点をもつとき，現在の家族に深刻な問題や重篤な病理があると見なして家族を問題視するのではなく，家族が多世代にわたるライフサイクルの途中で行き詰まっていることを共感的に理解でき，その危機を乗り越える支援が必要なことが分かる。

7-2　夫婦（カップル）療法

　ここまで家族療法の鍵概念について説明してきたが，家族の基本単位である夫婦（カップル）の関係に焦点を当てて介入するのが夫婦（カップル）療法であり，家族療法とは多くの共通点を持ちながらも，欧米諸国では独自の発展を遂げてきた。残念ながら我が国では，家族療法ですらまだ広く普及しているとは言い難い中で，夫婦（カップル）療法はさらにマイナーなアプローチである。夫婦（カップル）関係の問題で悩む人たちは増加しており，夫婦（カップル）療法のニーズは急増している。

7-2 夫婦（カップル）療法

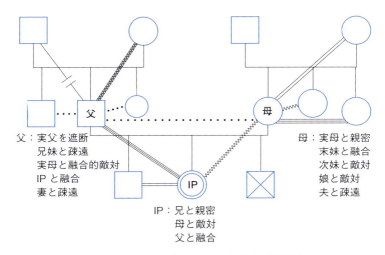

図7-13 ジェノグラムによる多世代の関係図

142 　　7章　家族理解に役立つ臨床理論

様々なカップル療法

　家族療法に構造派，多世代派，コミュニケーション派など様々なアプローチがあるように，一口に夫婦（カップル）療法と言っても，様々な理論を基盤としたアプローチがある。

　対象関係論的カップル療法は，精神分析の流れをくむ対象関係論を基盤として，夫婦双方の無意識的な葛藤や防衛機制に焦点を当てる。認知行動的カップル療法は，夫婦間の言動における刺激と強化の連鎖や，夫婦それぞれの認知的な歪曲に焦点を当てる。感情焦点化カップル療法は，アタッチメント理論や人間性心理学，さらにはゲシュタルト療法の要素も取り入れて，夫婦の感情体験とその変容に焦点を当てる。

カップル療法における共通要因と統合的アプローチ

　このように様々な理論を基盤としたカップル療法が他にもたくさんあるが，その共通点として以下の点が挙げられる。①二者間の関係の問題をシステミックに理解し概念化すること，②2人の行動的側面に焦点を当て，相互作用パターンと非機能的プロセスを明らかにし，愛情とサポートとコミットメントが伝わるような行動や建設的なコミュニケーションと問題解決を教えること，③2人の認知的側面に焦点を当て，思考と感情と行動のつながりやパートナーとの相互作用を理解できるように援助すること，④2人の感情的な体験に焦点を当て，それぞれが自分自身の感情に触れ，パートナーとの感情的な絆を促進すること（図7-14）。

　このように共通要因の解明が進んできたことによってアプローチ間の相互交流が盛んになり，異なるアプローチから考え方や介入法を取り入れることが活発になったことで，近年のカップル療法では，統合的なアプローチが当たり前になってきている。

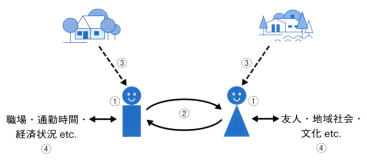

① 夫と妻をそれぞれ個人として理解し介入する次元
② 夫婦間の相互影響関係や悪循環を理解し介入する次元
③ ①と②に対する源家族や拡大家族からの多世代の影響を理解し介入する次元
④ 夫と妻それぞれにとっての重要な社会システム（職場，友人など）を理解し介入する次元

図 7-14 **夫婦（カップル）関係の統合的な理解**（野末，2014 を改変）

参考図書

ヘイリー，J.　高石 昇・宮田 敬一（監訳）（2001）．アンコモンセラピー——ミルトン・エリクソンのひらいた世界——　二瓶社

　家族療法をはじめとして現代の様々な心理療法の発展に多大な影響を及ぼしたミルトン・エリクソンの心理療法のエッセンスを家族ライフサイクルの視点から解説したもの。

遊佐 安一郎（1984）．家族療法入門——システムズ・アプローチの理論と実際——　星和書店

　一般システム理論が分かりやすく解説されており，家族療法の主要なアプローチ（構造派，多世代派，コミュニケーション派）の鍵概念と実際について，具体例も交えて説明されている必読書。

マクゴールドリック，M.・ガーソン，R.・ペトリー，S.　渋澤 田鶴子（監訳）（2018）．ジェノグラム——家族のアセスメントと介入——　金剛出版

　ジェノグラムの基本的な書き方，得られたデータを解釈するポイントなどが分かりやすく書かれている。著名人の家族の詳細なジェノグラムも多数掲載されていて，興味深く読むことが出来る。多世代家族療法の視点を理解する上でも欠かせない必読書。

日本家族研究・家族療法学会（編）（2013）．家族療法テキストブック　金剛出版

　家族療法の黎明期から現在にいたるまでの主要な理論と実践をまとめた「理論編」と，医療・教育・福祉・司法などさまざまな臨床現場におけるアプローチを網羅した「臨床編」からなる。事例，用語解説，コラムも収録されている。

日本家族心理学会（編）（2019）．家族心理学ハンドブック　金子書房

　現代家族の特徴，家族心理学の基礎理論，家族発達と援助，家族療法の理論と技法，さまざまな領域における家族支援，家族研究法，法と倫理など，家族心理学における主要なトピックが網羅されている。研究者にも臨床家にも，必携の一冊である。

家族の変化に役立つ臨床的援助技法

　家族は，メンバー一人ひとりの発達的変化と，メンバー相互の関わり，さらにその他の社会システムとの相互作用による変化の中で成長している。

　その変化には，ストレスや葛藤がつきものであり，それらを首尾よく乗り越え成長・発達が促される場合もあれば，種々の理由で乗り越えられず滞り，時には家族機能が不全に陥ることもある。変化が止まったり，悪循環を起こしたりした場合は，家族の発達を促進する変化を導入するために，心理的援助やセラピーといった働きかけが有効となる。本章では，多様な関わりの中で変化・発達している家族システムが何らかの躓きに出会ったとき，どのような支援をするのかという観点から，家族の心理を理解することにしたい。

8-1 ジョイニングと多方向への肩入れ

　個人療法でセラピストとクライエントが共感とラポール（信頼）のある関係を確立することが不可欠であるように，家族療法でもラポールに類似した関係の確立は必須である。家族メンバーが数人同席した家族療法における信頼関係づくりをジョイニング（joining）という。ミニューチン（1981）は，セラピストが家族を理解し，家族のために家族と共に動こうとしている態度を示すことは非常に重要であり，家族メンバーは，セラピストが率先してつくり出す安全で守られた傘の下で，変化を模索し，様々な行動を試みることができると述べている。ジョイニングは，セラピーの開始時に特に重要とされるが，家族療法のプロセス全体を通じて伝えられるセラピストの態度でもある。

　ジョイニングは，例えば家族特有の習慣や言葉づかい，価値観などを大切にすること，家族メンバーの年齢相応の悩みや家族システムの発達段階特有のジレンマに共感すること，セラピーに出席していないメンバーや祖父母への配慮を示すこと，時にユーモアや冗談で雰囲気を和らげること等により促進される。

　文脈療法の創始者ボゾルメニィ–ナージ（1973）はジョイニングの具体的態度・技法を多方向への肩入れ（multi-directed partiality）として紹介した（9章 p. 164 参照）。それは「多方向へのひいき」であり，セラピストが順次，家族メンバー一人ひとりの味方になって各人の思いを acknowledge（見留め，受け留め）することである。メンバー間に意見や見方の対立がある場合でも，それぞれの立場が公平に聞き届けられ，誰もが大切にされる。この体験は，家族の相互信頼と公平な関係の再確立に不可欠の基盤となっていく（Topic 8-1）。

Topic 8-1　家族面接におけるジョイニング，多方向への肩入れ，見留め・受け留め

　DVD『説き明かし・私の家族面接——初回面接の実際——DISC3』（中釜洋子，中島映像教材出版）では，セラピストがジョイニングにより，初めて会う家族と信頼関係を作り，家族を理解し，家族のために家族と協働していこうとする態度や，セラピストが順次，家族メンバー一人ひとりの味方になって各人の思いを受け留めていくことで，メンバー間に意見や見方の対立がある場合でも，それぞれの立場が公平に聞き届けられ，誰もが大切にされる多方向への肩入れを通じて，家族の相互信頼と公平な関係を再確立していくプロセスが，具体的に示されている。

　以下は，公務員の父，介護ヘルパーの母，AD/HD の診断がある弟，そして不登校のかずみ（中2女子；IP）との面接場面終盤からの抜粋（要約）である（Th はセラピスト）。

IP：うーん……。お母さんと……。ちょっと本音を話して，こういうところ嫌だよって言うとちょっと否定されるっていうのかな。
Th：なるほどね。さっきじゃあ言ってた，聞いてくれるようでいて，途中から聞いてくれなくなっちゃうっていうのは，こんなふうにもとらえていいの？　かずみさんの話の中で，いい話とか明るい話とかがあって，で，もうちょっと何ていうのかな。悩んでるとか，どうしていいかわかんないんだぁとかって，この部分に関しての話になっちゃうと……。
IP：なんか，あんまり乗り気じゃないみたいだから，とりあえずなんかこっちも「うん，そうだねー」ってとりあえず言っとけばいっかなって。
Th：うーん，なるほどね。すごくかずみさんはお母さんの忙しさとか，変化とか，余裕がないのかなぁとかってすごく感じながらいるんだなぁって気がしながら聞いてたけど，それを見てると，じゃあ，「お母さんの気持ちもそんなに乗り気じゃないし，じゃぁこっから先は言わないどこう」っていうか，こう，自分の中にとっておくっていうかね。
IP：やっぱ聞いてもらいたいんだけど，なんだろう……なんて言えばいのかわかんないや。
Th：うん，聞いてもらいたいんだよね，すごくね。それは。聞いてもらいたいんだけど，みなさん，そういう意味ではとっても忙しいっていうのが，あなたの中にはとてもよくわかってるし，それから，お母さん，お父さんが強調して言ってくださったように，役に立つお嬢さんで，ずっといられた人だもんね。だから協力もしたいんだよね。すごくね。
IP：（涙ぐむ）
Th：そうすると，言わないって感じになっちゃって。言わないっていうことを，むしろ選んでてって言えばいいかな？
IP：（うなずく）
母：はい，かずみちゃん。（かずみにハンカチを渡す）
母：「聞いてくれない」って，そういうことだったんですね。
母：「頑張りなさい」って言い過ぎたかな。ちょっとね。お母さんもね。
IP：（すすり泣く声）
Th：うんうん。こんな感じにも聞こえますけどね。「頑張ろうよ，一緒に」っていうかね。

8-2 リフレーミング

リフレーミング（reframing）とは，直訳すると「再枠づけ」であり，ある概念や現実を異なった視点や積極的な意味づけをして再定義することを言う。ワツラウィックら（1989）が最初に命名・使用し，ミニューチンらは「relabeling（ラベルの貼り替え）」と呼び，さらにイタリアのミラノ派の家族療法家たちが「positive connotation（肯定的意味づけ）」として紹介した技法である。家族療法では，家族メンバーが問題や症状をシステムの視点から見直し，他者の視点を受け容れ，視野を広げる上で役立つ。さらに，この技法は，家族療法のみならず多くの心理療法で活用され，特に認知療法の基礎ともなっている。

私たちが出来事に対して抱く感情，思考，態度，言動は，その出来事に対する各自の意味づけによって異なる。いわば，私たちは自己流の現実把握をしているのであり，それは当人にとっては現実以外の何ものでもないのだが，同じ物事が人により悲観的にも楽観的にも多様に受け止められることから，ものの見方や考え方を検討するうえで役立つ。

来談者は，問題や症状を否定的に意味づけして支援を求めるが，その意味づけが問題をこじらせていることもある。また，家族内のIPに対する意味づけは，しばしば責めを負うべき人，変化を必要とする人となっている。家族システムは，IPの症状や問題行動によって維持されている場合があることを考えると，異なった意味づけの導入は変化の鍵になりうる。リフレーミングは，問題や症状，IPに貼り付けられた硬直した古い見方に新たな意味づけを加え，その意味づけが新しい動きを導き出し，行き詰まりを打開する助けになる（Topic 8-2，Topic 8-3）。

8-2 リフレーミング 149

Topic 8-2 関係や文脈のリフレーミングの例

1. 兄弟の荒々しい取っ組み合いを，親は「暴力沙汰」だと意味づけ，「取っ組み合いは止めなさい」と言う。その解決策が功を奏さないにも関わらず，同じことを言い続ける親に，セラピストは「喧嘩ができることは兄弟仲の良い表れ」とリフレーミングすると，兄弟が本気で憎み合っていない限り，親も兄弟も取っ組み合いを異なった視点からとらえてみるチャンスになる。それは，男の愛情の表現でもあると同時に，そうであれば他の表現法もありうることになり，結果的に変化が起こる。

2. 妻が夫の会話の少なさを「拒否反応」と意味づけ，夫が「逃げる」ので，自分は「拒絶された感じ」だと夫を責めているとき，「離れることでこれ以上摩擦を起こさないための工夫をしている」「近づきたい気持ちの表現が，かえって2人をジレンマに追い込んでいるようだ」とリフレーミングする。

Topic 8-3 問題行動や欠点のリフレーミングの例

1. 「嫉妬深い」を「強い関心」の現れ，「怒り」や「攻撃」を「関心をもってほしい」というサイン，「返事や約束を延ばす」人を「完全主義者」とか「思慮深い人」と状況に応じてリフレームすることもできる。

2. 家族メンバー，あるいは家族のライフサイクルの移行期に起こる様々な出来事や個人の「不可解」で「異常」と思われる言動は，誰もが体験する当然の「痛み」や「悲しみ」「不安」「孤立感」の表現とリフレームできることが多い。

8-3 エナクトメント

家族療法の場面でセラピストの指示のもと，家族の日ごろのやりとりのパターンを再現することを**エナクトメント**（enactment：上演）という。ミニューチン（1981）によれば，家族メンバーは細やかに周囲の動きに調子を合わせながら各々の内面を表現し，しかもそれらの動きは社交ダンスをしているように巧みに呼応しながら，1つの流れを形成しているという。そこから1人でも欠けると家族全体の日頃の動きは止まってしまうので，家族療法にはなるべく同居家族全員が出席することを勧めている。

同様に，家族療法の場でも家族は日常とは異なった動きをする。セラピストの前では，家族の問題や家族のダンスを描写し，説明し，意見を述べて，実際のダンスを止めてしまう。家族の訴えは，各メンバーが家族や問題をどのようにとらえているかといった主観的記憶の表現としては貴重なのだが，その情報は，実際の家族の関わりについて質・量ともに不十分である。

そこでセラピストは，セラピーの場で，家族に日頃の関わりを再現するよう依頼することがある。このエナクトメントにより，家族メンバーが相互の言動を規制し合う様子，そこから生まれる無意識のやりとりの連鎖，その中で形成されていく言動のパターンなどが再現される。それは，セラピストにとって家族の日常を知るチャンスとなるだけでなく，家族にとっても日ごろの言動を改めて意識化するチャンスとなる。また，セラピストからその場で体験したことについて観察やコメントを受けることにより，異なった言動の選択肢を考え，実行するヒントを得る。

Topic 8-4 にセラピストが提案するエナクトメントの実例を取り上げた。

Topic 8-4　エナクトメントの実例

夕食後，両親がゆっくり話をしようとしているとき，子ども2人が大声で叫びながら居間を走り回り，それを止めても聞き入れない。そんな日常に辟易しているという母親，自分は言うことを聞かせることができるという父親の訴えに，落ち着いて話ができる状況づくりを2人で試みるよう勧める。

子どもたちは椅子の背をたたきながら走り回り，母親は「走るのは止めて」「静かに椅子に座りましょう」と伝える。子どもは相変わらずで，ついに父親が「2人とも座りなさい！」と大きな声で言う。子どもは顔を見合わせ，父の様子をうかがう。しかし，2人が話を始めると，すぐに走り出す。

それを観察していたセラピストは，父母に，「子どもたちに走るのを止めて，どうしてほしいのか」を問う。母親は「部屋の隅で人形遊びをしてほしい」と言い，父親は「走り回らなければ，何をしていてもいい」という。変化を導きだす言動を共に考え，数回の試行錯誤を行う。

その中で成功した行動は取り入れられ，父母の希望，子どもたちの希望が叶えられる解決策が編み出されていく。子どもたちが親の邪魔をしないで自分たちで遊べるようになるまで，エナクトメントは試みられ，時には成功した関わりを宿題で実行してみることを勧められる。

この家族は，子どもたちがキャーキャーと叫びながら部屋を走り回り始めたら，父母は話を止めて子どもたちの遊びにつき合い，子どもが満足したら2人の話に戻ることになった。

8-4　家族造形法

　実演という意味ではエナクトメントと重なる目的を備えながら，家族の情緒的・象徴的側面をより強調したのが，この技法である。

　家族造形法（family sculpture）は，家族彫像化技法とも呼ばれるが，日常の家族のある場面や問題状況を生身の人間による彫刻として作り出そうとするものである。その特徴は，過度の言語化，知性化，防衛，非難を排除して非言語的にコミュニケートし，身体彫像を通して関係を表現することである。また，家族メンバーは彫像を作る過程で，家族が1つのユニットであり各人はその大切な一部であることを理解する（図8-1）。

　家族メンバーは交替で彫刻家となり，家族関係を造形する。すべては非言語で進められ，自分も含めてメンバーの姿勢や空間的位置を決め，手で触れながら家族を配置する。その姿，距離，向きなどに，彫刻家となった家族メンバーが受けとっている家族の姿が象徴的に表現される。家族システムを反映している彫刻が完成したら，全員がその姿をとったまま，しばらく無言で味わう。その後，この一連の体験を分かち合う。各家族メンバーが彫像に象徴化された関係を味わうことは，時に強力な非言語的情緒体験となり，内面をありのままに受け止めるきっかけとなる。

　この一連の体験を通して，家族は自分たちをどのように見ているかを理解し，また，見方の違いや関係の歪みについても発見し始める。その気づきは，変化や改善の原動力になる。多くの場合，「現実の家族」の彫像化の後には，「理想の家族」（図8-2）の彫像化を行い，それらを比較することによって，家族の進む方向が分かち合われ，変化の手がかりとなる。

図 8-1　あい（IP）が彫像化した現在の家族
（イラスト：団　士郎）

図 8-2　あい（IP）が彫像化した理想の家族
（イラスト：団　士郎）

8-5 ブリーフセラピー（短期療法）

　米国西海岸のパロアルトにあるMRI（メンタル・リサーチ・インスティテュート）で発展したコミュニケーション派の家族療法は，ブリーフセラピー（短期療法）とも呼ばれ，クライエントや家族に生じた問題や困難を解決しようとする当事者の努力がかえって問題や困難を維持してしまい，深刻化してしまう悪循環（図7-3参照）を見立て，その連鎖に介入するアプローチである。専門家の助けを必要とするような，問題が深刻になってしまっているときには，必ずそのような悪循環の連鎖が見て取れる。例えば，夫婦の喧嘩や対立が激しくなるもの，元はといえば，双方が自分の言い分を相手に理解させたり，相手に変わってもらうことでより居心地の良い関係を求める解決努力である。また，親や教師が発達障がいの子どもを叱ったり強く指導することで，子どもの素行がより悪化するという現象も，問題と解決努力の悪循環の例である。

　介入は，もっぱらその悪循環を切る，変化させることに絞られ，そもそもの問題の原因には焦点は当てられない。例えば，子ども（A男）が，素行のあまり良くない友達と夜遊びを繰り返すようになり，そのことで，両親は互いに相手の関わり方や責任を非難し，連日，口論となり，さらに，A男がさらに落ち着かなくなり，非行に走ってしまったというケースを考えてみよう。学校の教師や相談員からは，両親の仲違いが問題であり，その改善がまず先決であると常識的な助言を受けるも，それが叶うくらいであれば，通常，事態はそれほど深刻にはならない。そこで，コミュニケーション派のセラピストなら，以下のように介入するだろう。

　まず，家族を前に，「夫婦の連日の口論は，2人がお子さんの

Topic 8-5　解決志向療法

　コミュニケーション派が，問題を維持している悪循環を重視することから，問題志向短期療法と呼ばれるのと対照的に，問題以外の文脈や出来事に着目するミルウォーキー派のブリーフセラピーは，**解決志向短期療法**と呼ばれる。私たちはどんなに問題や症状に苦しんでいたとしても，四六時中，そのことに支配されているということはありえない。問題が起こっていない，あるいは，問題にとらわれずに行動できているときなどの「例外」を明らかにし，それについて話題にし，対話することは，クライエントや家族の自助の能力や資源を明らかにし，豊かにすることでもある。そのために，コーピングクエスチョン，スケーリングクエスチョン，ミラクルクエスチョンなどの，質問スキルが活用される。例えば，コーピングクエスチョンは，「うつで毎日，死にたいと苦しむ中で，どうやって，それを乗り切ってきたのですか？」，スケーリングクエスチョンは，「苦しくてもう生きられない限界状況を0，元気はつらつで何の心配もない状況を10とすると，今は何点くらいですか？（3点と答えたとすると）0点でなくて3点なのは，どんなことがその点数には反映されていますか？」，ミラクルクエスチョンは，「もし，今夜眠っている間に奇跡が起きて，うつがすっかり良くなっていたとしたら，目覚めたときにその奇跡が起こったことがどのようにしてわかりますか？　どんなことが違っていますか？」等である。いずれも，それらの質問を通じた対話は，すでに存在する例外を共有したり，解決に向けたクライエントの資源や能力をクローズアップし，問題の緩和や解消に貢献することとなる。

　パロアルト派，ミルウォーキー派のどちらのブリーフセラピーも，循環性システムにおいて大きな変化のさきがけとなる小さな変化の導入を重視し，比較的短期間に問題を緩和したり，解消したりできるアプローチであり，教育や医療，産業現場など，限られた時間の中でも効果が上がる手法として人気が高い。

8章　家族の変化に役立つ臨床的援助技法

ことを心から心配し，また，安心できる家族をそれぞれの立場から強く求めている証拠」と解決努力をリフレームする。そして，「お2人の口論は大切だから，これからも日課にして，毎日，夕食後の20分間，きちんと口論してください。その際に，できるだけ想いの丈をぶつけ合ってください。A男くんは，始まりの時間と，終了の時間を合図してあげてください」と伝える。この介入により，逆説的に口論が減ったり，あるいは，夫婦が感情的になりにくくなる可能性が高くなるし，仮に，それまでのように感情的にやりあってしまったとしても，それは，専門家から「家族のためになること」であるという文脈が与えられているため，もはや悪いことではない。さらに，時間を管理するという立場に子どもをすえることで，親の葛藤に振り回されていた立場から，より事態をコントロールできるという効力感も高まるだろう。

参 考 図 書

シャーマン，R.・フレッドマン，N.　岡堂 哲雄・国谷 誠朗・平木 典子（訳）（1990）. 家族療法技法ハンドブック　星和書店

　家族療法で活用される技法を49種類（理論・方法・事例・適用の指針付き）について解説した著書。

フィッシュ，R.・ウィークランド，J. H.・シーガル，L.　岩村 由美子・鈴木 和子・渋沢 田鶴子・鈴木 浩二（訳）（1986）. 変化の技法——MRI 短期集中療法——　金剛出版

　解決の努力自体がその問題を深刻化するという立場から介入治療を行うコミュニケーション派ブリーフセラピーの画期的な考え方が，多くの具体的ケースとともに解説されている。

バーグ，I. K.　磯貝 希久子（監訳）（1997）. 家族支援ハンドブック

8-5 ブリーフセラピー（短期療法）　　157

──ソリューション・フォーカスト・アプローチ──　金剛出版

　ソリューション・フォーカスト・アプローチに基づいて，クライエントをエンパワーし，協調を増し，家族を支援し，セラピストが行き詰まったときに手助けになるようなやり方について段階的に述べた実践的手引き書。

大熊 保彦（編）（2011）．リフレーミング：その理論と実際──"つらい"とき見方を変えてみたら──　現代のエスプリ no. 523　ぎょうせい

　困難なことに出会ったとき，ものの見方，考え方の枠組みを変え，問題に対応する心の働きであるリフレーミングという視点から，臨床心理学の諸理論を再考し，さらに，具体的なリフレーミングの実際に触れることで，臨床場面はもとより日常の生活においても役に立つことを目指した解説書。

日本家族研究・家族療法学会（編）（2013）．家族療法テキストブック　金剛出版

　広範な臨床領域と多様な理論的背景を持つ家族療法の全体像の把握，理解に役立つ「理論編」と医療・教育・司法など多領域からのアプローチを網羅した「臨床編」で構成され，事例や用語解説等も充実している。

日本家族心理学会（編）（2019）．家族心理学ハンドブック　金子書房

　家族心理学にまつわるさまざまな研究や臨床実践および日本家族心理学会の30数年来の活動を踏まえて，「家族とは何か」「家族心理学の基礎理論」「家族発達と援助」「現代家族の特徴」「家族療法の理論と技法」「様々な領域における家族支援の実際」「法と倫理」「家族研究の方法」等について，分かりやすく解説されている。

家族への臨床的アプローチの実際

　本章では，家族に典型的に生じる臨床的問題とそれに対する心理援助アプローチの実際について解説する。家族臨床や家族カウンセリングは，個人が抱える疾患だけを取り扱うのではなく，関係のこじれやコミュニケーション不全に対する介入を得意とするため，日常生活で遭遇しがちな，より広範な問題にも力を発揮するアプローチである。数種類の援助形態について解説を加えた上で，現代家族に需要の高い心理援助として，家族間暴力に対するアプローチ，思春期・青年期の子どもがいる家族へのアプローチ，喪失に対するアプローチの3つを取り上げる。問題になっていることは何か，どのような臨床的アプローチが有効であり，また必要であるかについて，考えを深めていこう。

9-1　心理援助の形態

　ひとくちに家族への臨床的アプローチと言っても，その面接形態は，家族の誰か一人と面接して，その人の話を通して家族関係を視野に入れた援助を実践する方法（個人と行う家族療法）から，複数の家族を一堂に集めて直接全員と話をする方法（家族合同面接）（図9-1）など，いくつかのやり方がある。

　例えばグルンバウム（Grunebaum, 1969）は，問題を抱えている夫婦（カップル）がセラピーや心理援助から最大の恩恵を受けるには，それに最も相応しい援助形態が選ばれることが欠かせないと述べている。そのための基準として，コミットメント（夫婦が2人の関係にどれほど誠実に自分を関わらせているか），問題の所在（問題や症状が夫婦関係の中で起こっているものか，それとも個人の問題など夫婦関係の外部にあるか），緊急性（慢性化した問題か，それともごく最近生じた急性の問題か）の3つに応じた面接形態を採用することを挙げた（図9-2）。現代においては，来談する家族や個人が望むやり方を踏まえた上で，援助の専門家が各面接形態の特徴を生かして，最も有効と思われる援助アプローチを選択・提案する視点がますます重要になってきている。以下，代表的な面接形態について概説する。

母子（親子）並行面接

　母子（親子）並行面接は，子どもの心理治療に着手したアンナ・フロイト（Anna Freud）によって提唱され，1960年代にわが国に取り入れられた。（母）親面接の担当者と子どもの面接（プレイセラピー）担当者が別々につき，並行して面接をしていくことで，子どもの個人カウンセリングと，子どもの重要他者である（母）親が，子どものよき理解者になるための援助を推進し

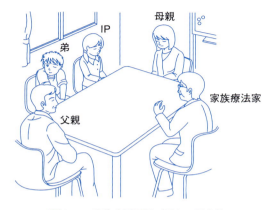

図 9-1　家族合同面接（平木, 2010）

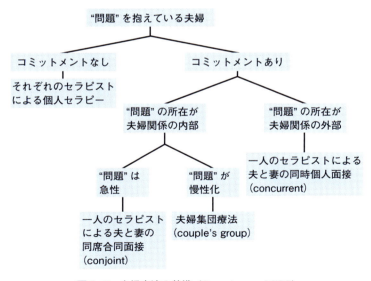

図 9-2　夫婦療法の基準（Grunebaum, 1969）

162   9章　家族への臨床的アプローチの実際

ようとする。この形態は、特に年少の子どもにとっては適切な面接形態であると言えるが、時に親担当と子担当の2人の援助者の協力関係が揺らぐ場合があることに留意したい。両者の家庭内のパワーの違いが大きかったり、互いの葛藤が強烈だったりするとその力動に担当者が巻き込まれ、母子どちらか一方の視点だけが重視されてしまったり、母子の代理戦争のような形で、両担当者間の葛藤が高まる場合がある。したがって、例えば、親からの自立と依存がテーマになる思春期以降の子どもの場合は、双方の面接を同一の担当者が引き受け、親子間の葛藤を1人で扱うほうが望ましいという考え方もある。さて、従来は、子どもの相談に訪れるのは主たる養育者である母親であることが多く、「親面接＝母親面接」であることが通常であった。しかし、その状況は徐々に変化しつつあり、面接者の要請に応えて父親も面接に参加する例、自主的に両親で来談する例、母親ではなく父親1人が来談する例などが増えてきている。両親2人の協力や理解が促されれば、子どもや家族の問題の改善の可能性が相当に高まることは言うまでもない。そのためにも、1対1の個人面接のみならず、夫婦や家族とともに合同面接を行うスキルを、専門家が訓練によって身につけることには大きな意義がある。

家族合同面接

1950年代に家族療法が誕生する一連の試行錯誤の中で、家族全員を一部屋に集めて行う家族合同面接が誕生した（Topic 9-1）。これは、関係性を重視するシステム論的なものの見方が積極的に活用される面接形態である。

1人の面接者が複数の家族メンバーと同席することの最大の特徴は、そこに複数の人間関係が生じることである。実際の家族相

Topic 9-1　家族合同面接におけるやりとりの一例

　家族4人が，たつや（仮名）の不登校を主訴に家族面接にやってきた。面接が始まってしばらく経ったあたりのやりとりを以下に示す。

（前略）

セラピスト：たつや君，今日は，ここにくることは，お母さんやお父さんからどのように聞いてましたか？

たつや：えっと，ここにくるって知らなくて，なんかあの，今日おいしいもの食べに行くとか，なんとなくこの後どこかに出かけるって聞いてたんで。

セラピスト：あ，本当。じゃ，わけのわからないところにきちゃったって感じ。

たつや：（失笑）そうですね。いろいろ心配してんのかなってのは，思っているんですけど。

セラピスト：ちょっとじゃあ，緊張しているかもしれないね。

たつや：どうかな？

セラピスト：うん，じゃ，後ほどお話を聞かせてください。
　　　　　　まさこさん（姉）は，どんなふうに，ここのことは聞いてきましたか？

まさこ：お母さんが，あの，たつやのことで相談があるからって。ね。

セラピスト：お姉ちゃんも来てくださいって感じで？

（後略）

（ビデオ「ビジュアル臨床心理学入門⑲家族療法」平木典子（発売（株）サン・エデュケーショナル）より一部抜粋）

互のやりとりを目の当たりにし，その関係に直接働きかけること
ができるといったメリットがある一方で，複数のメンバーやそれ
ぞれの関係性など変数が増えること，面接者とある家族メンバー
とのやりとりが他の家族に見られていること，主張が相容れずぶ
つかり合うことが多い各人の語りを尊重しなければならない等，
個人面接にはない難しさと向き合うことになる。この違いを生か
せるか，違いに翻弄されるかで，合同面接の効果のほどが異なっ
てくる。

　合同面接を有効に活用するためには，面接者が，自分のものの
見方を押しつけたり，自分が共感しやすい特定の家族メンバーに
偏った肩入れをしないように心がけることが大切である。その偏
らない面接者のあり方について，ミニューチンをはじめとする家
族療法家の多くは**中立性**を説いたが，ボゾルメニィ-ナージは**多
方向への肩入れ**を重視した（8 章 p. 146 参照）。それは，中立性
を保つために誰とも情緒的に関わりすぎないようにする前者の態
度とは対照的に，一人ひとりの家族メンバーに等分に肩入れし，
それぞれの語りを順次，共感的に聴きとることで，結果的に誰に
も偏らない公平な関係を実現しようとするやり方である。

個人療法と家族療法の統合

　家族療法の創始期には，家族の相互影響関係を実際に見て確か
めるために，家族全員を集める必要性が強く説かれることが多か
った。その後，様々な形で家族療法が発展していく中で，必ずし
も家族メンバー全員が揃わなくても構わず，ただ 1 人のメンバー
との面接であっても，家族の関係性システムを見立て，介入する
ことで家族療法を行うことができると考えられるようになった。
さらに，個人面接と合同面接を組み合わせて，両方の面接形態の

9-1 心理援助の形態

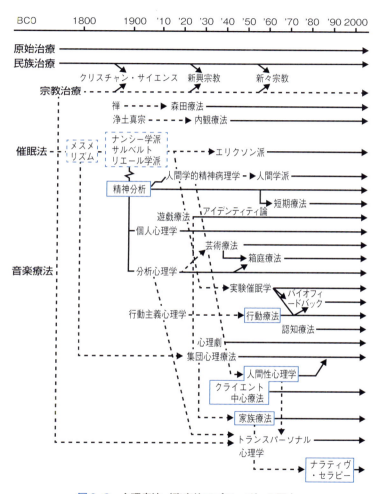

図9-3 心理療法（臨床的アプローチ）の歴史
（平木が前田，1994を一部改変）

166 9章 家族への臨床的アプローチの実際

長所を効果的に取り入れようという**個人療法と家族療法の統合**の試みも始まった（平木，2010；中釜，2010；藤田，2010など）。

9-2 家族にふりかかるストレス

マクゴールドリックら（McGoldrick et al., 2016）は，個人と家族にふりかかるストレスの流れ図（2章図2-3参照）の中で，家族が経験するストレスとして，垂直的ストレッサーと水平的ストレッサーの2種類があると説明した。垂直的ストレッサーは，個人を取り巻く大小様々な上位システム（すなわち，個人や家族が置かれる文化社会歴史的文脈）から生じるストレスであるが，水平的ストレッサーは，家族が生活する中で遭遇するストレスである。子どもの誕生や自立等，ライフサイクルの移行期に家族関係再調整のために生じるストレスと，事件や事故，家族メンバーの病気・死等，ある日突然に生じるストレスの2種類からなる。前者はすべての家族がある程度共通に経験するストレスであり，後者は，経験する家族もいれば，経験しないまま一生を終える場合もある，個別差の大きいストレスである。

表9-1には，ホームズとラーエ（Holmes & Rahe, 1967）による社会再適応評価尺度をもとに作成された日本の労働者向けのライフイベントのストレス値尺度を挙げる（夏目，2008）。結婚という出来事に50のストレス量を暫定的に与え，他の出来事のストレス量を相対的に評定した数値が並んでいる。配偶者や身近な人の死，離婚や別居といった，家族関係に起こった重大な事態が上位に挙がっており，これらのストレス状況に適切に対処するためにも個人のみならず家族への臨床的アプローチが求められている。なお，ホームズとラーエ（1967）では結婚，妊娠，出産など，

表9-1　勤労者のストレス点数のランキング（夏目，2008）

順位	ストレッサー	全平均	順位	ストレッサー	全平均
1	配偶者の死	83	16	友人の死	59
2	会社の倒産	74	17	会社が吸収合併される	59
3	親族の死	73			
4	離婚	72	18	収入の減少	58
5	夫婦の別居	67	19	人事異動	58
6	会社を変わる	64	20	労働条件の大きな変化	55
7	自分の病気や怪我	62			
8	多忙による心身の過労	62	21	配置転換	54
			22	同僚との人間関係	53
9	300万円以上の借金	61	23	法律的トラブル	52
10	仕事上のミス	61	24	300万円以下の借金	51
11	転職	61	25	上司とのトラブル	51
12	単身赴任	60	26	抜てきに伴う配置転換	51
13	左遷	60			
14	家族の健康や行動の大きな変化	59	27	息子や娘が家を離れる	50
15	会社の建て直し	59	28	結婚	50
				サンプル数（人）	1,630

注：点数が高いほどストレス度は強い。
　　基準点以上を示した。

一般に幸せで喜ばしいと考えられる事態も，心身に負担がかかるという意味で高いストレス源になるとされている。

病理や症状の治療のみならず，円滑な家族生活の推進というねらいからも，家族に対する援助アプローチが有効である。

9-3　家族間に起こる暴力に対する臨床的アプローチ

家族間に生じる暴力問題としては，①親から子への児童虐待（5章参照），②思春期・青年期の子どもから親に対する家庭内暴力，③夫婦間やパートナー間に生じるドメスティック・バイオレンス（DV），④高齢者の介護関係などで生じる高齢者虐待などが挙げられる。30年以上前からわが国に特徴的な問題として注目を集めてきた②の家庭内暴力を別にすると，他の3つは，いずれも現代的な問題である。ただし，これらは，実際には以前から生じていたが，これまではタブー視され表面に現れなかったにすぎないという見方もある。いずれも家庭という密室空間で，家族の強者から弱者に向けて，何度も繰り返されながら，家族外の人からはそれがなかなか分からないという特徴を有し，被害者に深刻な心の傷を残す可能性があるものである。

児童虐待に対する臨床的アプローチ

もし，児童虐待が起こってしまった場合は，公的な力を動員して，暴力を止める介入援助が迅速に導入される必要がある（Topic 9-2）。

加害者である親に対する忠誠心や恥，罪の意識から，多くの子どもたちは虐待があっても自分からはその事実を語らない。児童相談所をはじめとする専門相談機関や公的福祉機関などが様々な育成事業・支援活動を提供するようになったが，最も危険性，緊

9-3 家族間に起こる暴力に対する臨床的アプローチ　169

Topic 9-2　児童虐待をめぐって

　この1年間の児童虐待の検挙計数は1,380件となり過去最多であった（2019年3月警察庁発表）。2018年3月には，5歳の女の子が，「もうおねがいゆるしてください」との言葉をノートに残して亡くなった。2019年2月には，小4の女の子が「お父さんから暴力を受けています。先生なんとかできませんか」という学校への訴え空しく亡くなった。報道等では児童相談所の対応の不十分さが指摘されている。これらの事態に政府は「躊躇なき保護」を強調し，虐待の疑いがあるすべてのケースの緊急の安全確認を児童相談所に指示している。

　しかし，子どもたちを保護する一時保護所は軒並み定員を超えており，その要請に十分に応えにくい現状にある。緊急的な措置や保護者対応等に加え，子どもたちのきめ細やかなケアも求められる職員の負担も相当なものである。また，実際，地域における虐待対応を担う児童相談所職員も，増え続ける虐待件数，膨れ上がる一方の業務に手一杯でもある。

　我が国の児童虐待への対応は，マンパワーの不足，物理的なインフラの不足，そして問題を抱える家族の理解や介入援助スキルといった専門性の不足など，様々な課題を抱えている。

　一方で，少なからずの関係者がこの事態に心を痛め，事態の改善や子どもたちの支援に真摯に取り組んでいるのも事実である。かつて虐待死者数全国ワーストであった埼玉県は，虐待通報から48時間以内に必ず現場に駆け付け，子どもの安否を確かめるという「埼玉方式」を徹底した。その原動力となったのは，「どんなに厳しい状況でも生き延びてくれたら，この時間内に必ず行くという子どもとの約束」と，現場に飛び出していく故藤井東治さん（当時越谷児童相談所　副所長）の存在だった。それを聞いた埼玉新聞記者の小宮純一さんが，「取材・企画協力」として原案を提供した漫画が「週刊少年サンデー」に掲載された（夾竹桃ジン，シナリオ・水野光博　2013「ちいさいひと 青葉児童相談所物語」少年サンデーコミックス　小学館）。主人公は，子どもたちを助けるために奮闘する新人児童福祉司であり，彼の勤務先児相の副所長のモデルが藤井さんである。この漫画には藤井さんの子どもたちへの想いやメッセージが込められている。ちなみに藤井さんは，IPI統合的心理療法研究所の研究員でもあり，著者らはその姿勢や熱意から大きな刺激と励ましを受けていた。

　施設に保護され，その後の人生を豊かに切り開いていく子どもたちも稀ではない。2018年第42回全国高校総合文化祭の弁論部門で，長野県長野西高校3年の飯田芽生愛さんが最優秀賞（文部科学大臣賞）に選ばれた。飯田さんは，小1のとき母が自殺，その後父からの虐待を受け，児童養護施設で育った。虐待を受けた体験や，その後の様々な人との出会いなど，自身の過去を「強み」として生かし，養護施設で育った子どもたちのための奨学金プログラムの創設に貢献したり，子どもの貧困対策に関して積極的に意見を発信するなど社会的に活躍している。同様に，虐待や児童養護施設に暮らした経験を生かして，社会に貢献しようと志を強くする子どもたちも少なくない（「一般財団法人教育支援グローバル基金ビヨンドトゥモローHP　エンデバー・プログラム」）。

急性が高い家族こそ，それらの支援を受けることが少ない家族でもある。

　その意味でも，子どもに元気がない，落ち着かない，怪我が多いなど，近隣の住人や幼稚園教諭，保育士，学校教師などといった大人が，身近な子どもたちに注ぐ細やかなまなざしの果たす役割は大きい。虐待をしてしまう親の多くが，自己評価が低く養育に自信がもてない人々であることにも配慮が必要である。相手を追い込んだり一方的に指導したりするだけだとかえって逆効果になってしまうことも少なくない（図9-4）。

　被虐待児童へのアプローチは，心身の安全確保を何より優先させる。一時保護所や養護施設への措置や入所が検討され，環境療法や種々の心理的ケアが導入される。もっとも，このように親子分離になるのは，リスク家庭全体の約5％から7％にすぎない（「平成28年度　児童相談所長会議資料」）。9割強の家族は在宅で援助され，分離事例であっても，分離が援助のゴールでは全くない。そのために，児童相談所では，子どもの家庭復帰や家族関係の再構築を目指した家族再統合支援や保護者支援等が行われている。言うまでもなく，家族関係が安定するためには，地域社会の資源などとのつながりを意識した援助が展開されることが望ましい。

DV問題へのアプローチ

　DVの多くは夫から妻への暴力だが，同じ家族内で子どもへの虐待の問題が重複して生じている事例は相当数にのぼる。DVは，一面では不健全な男女のコミュニケーション様式や結びつきの様態であるとともに，もう一面では，因習的な社会常識や社会通念が影響を及ぼしている社会的病理でもある。不均衡なジェンダー

9-3 家族間に起こる暴力に対する臨床的アプローチ 171

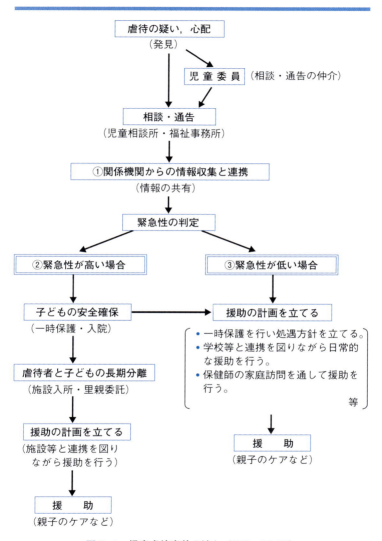

図 9-4 児童虐待事件の流れ（藤田, 2005）

観や女性の人権軽視といった問題，あるいは，家族間の出来事に部外者が立ち入るべきではないといった考え方が事態の解明を妨げ，DVを成り立たせてきた。近年の，フェミニストたちの活躍や**コンシャスネス・レイジング**（意識高揚）運動に支えられて関心が高まった。

介入援助にあたっては，①被害者が事実を明らかにしたがらず，発見者にも躊躇が働くために，問題が顕在化しにくい，②DVが明らかとなった後も，被害者が相手との関係の変化を躊躇して幾度も後戻りするため，援助が容易でないなどといった特徴をよく理解しなければならない。被害者に対する**エンパワーメント**と**心理教育**が特に効果的であり，歪んだ関係に留まって自ら離れなかったという理由で被害者が責められるようなことがあってはならない。DV関係から逃げようとしない女性たちの特徴が，共依存という言葉で論じられたこともあったが，暴力や危険に繰返し晒されることで判断力が麻痺し，自己効力感が失われるプロセスが解明されている（図9-5）。まず，心身の安全と安定した生活を保障し，その中で専門家や仲間たちからのサポートを受けることによって，本来の判断力を回復することが不可欠である。

高齢者虐待

米国の統計データによると，高齢者虐待の半数はネグレクト（介護放棄）が占めている。身体的虐待，経済的虐待（金銭・財産の奪取等）が2割弱でネグレクトに続くが，加害者には，男女を問わず成人した子どもが最も多い。対して日本では，加害者の最上位に嫁が挙がり，妻と娘がこれに続く。このことから，高齢者介護が，女性たちの手に集中して委ねられている実情をうかがうことができる。老親との高い同居率と肉親による（厳密に言え

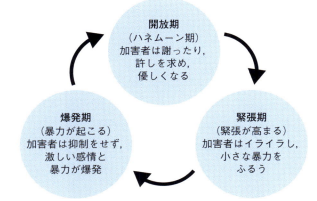

図 9-5 **DV の暴力サイクル**（とよなか男女共同参画推進センターHP より）

174   9章　家族への臨床的アプローチの実際

ば嫁や娘による）手厚い介護を誇ってきたわが国ではあるが，本格的な高齢化社会を迎えるにあたり，破綻を来してしまうことが危惧されている（**表9-2**）。高齢者介護の抜本的改革が求められている。

9-4　思春期・青年期の子どもがいる家族への臨床的アプローチ

不登校と引きこもり

　思春期・青年期を代表する臨床的問題として，不登校と引きこもりが挙げられる。ここではその支援アプローチについて取り上げる。いずれも「学校に行かない・行けない」「自宅に閉じこもったままほとんど外出しない・できない」という状態像を示す概念であって，単一の疾患単位や診断名ではない。ただし，どちらも家族にとっては大きなストレスであるとともに，家族メンバーが様々な意味で影響を与え合い，比較的長期間にわたって維持されている関係性の問題であるという特徴を共有する。その背景には，毎日，学校に登校したり，社会に出て働いたりすることを標準とする社会文化的要因があることはいうまでもない。

　心理援助にあたっては，時に，重篤な精神病理が背景にある場合もあるため，専門的な鑑別診断や対応が必要な一群を見逃さないことも大切である。また，原因究明ばかりにこだわらず，事態の長期化を回避するための介入を行うことが功を奏することが多い。また，一方的に励ます，叱咤激励する，放任するなど，身近な家族の柔軟性のないかかわりが悪循環的に問題を長期化・増悪させている事例も多い（7章 p.128 参照）。

　したがって，家族システムへの介入や援助という視点が非常に

9-4 思春期・青年期の子どもがいる家族への臨床的アプローチ 175

表 9-2 高齢者虐待の生じる家族のタイプ（長田, 2005）

介護負担蓄積型 （A タイプ）	心身の介護負担の蓄積から虐待を生じるタイプである。身体的負担だけでなく心理的にも追いつめられていることが多く，福祉サービスなどの利用により身体的負担が軽減されても，心理的負担は感じ続けている場合がある。
力関係逆転型 （B タイプ）	親子，夫婦において，親や配偶者が要介護状態になった場合，それまでの力関係が逆転することを背景として虐待が生じるタイプである。
支配関係持続型 （C タイプ）	子どもの時から親が子どもの，あるいは夫婦間で長期間一方が他方の言いなりになる傾向が続いており，親や配偶者が要介護状態になったような場合に虐待が生じるタイプである。
関係依存密着型 （D タイプ）	親子や夫婦の関係が密着しており，緊密すぎて距離を置くことができず，福祉サービスなどを利用しないような場合虐待が生じるタイプである。
精神障害型 （E タイプ）	介護者もしくは被介護者に，アルコールや統合失調症，躁うつ病などの精神障害や，人格障害が認められることを背景として虐待が生じるタイプであり，医療的対応やカウンセリングなどが必要とされる。

176   9章　家族への臨床的アプローチの実際

有効なのである。本人（IP）の相談機関への来談があまり期待できず，他の家族への援助や支援から始めざるを得ないということも少なくない。家族療法の基本的考え方を踏まえて，自他の境界線を守りながらも，相互批判的でなく相互尊重的な家族関係を築くことや，問題を何とか解決しようという努力がかえって状況を悪化させてしまっている悪循環的な相互作用を改善することなど輻輳的な支援が決め手である。また，本人が安心して過ごせる居場所づくりも大切である（Topic 9-3）。

　例えば，藤田（2009）は，まず，長期不登校の中学生の家族への間接的援助を通じて，父母への共感的かかわり，父母連合の強化や適切な世代間境界の醸成，三角関係や力関係の改善などを行い，IP が徐々に登校できるようになってからは，本人の解決努力が問題を維持させてしまう悪循環への逆説的介入や，学校での居場所づくりのための柔軟な対応が奏功したプロセスを示している。

9-5　喪失に対する臨床的アプローチ

リメンバリングと曖昧な喪失

　喪失は，大切な家族メンバーや友人の死を経験したり，病気や障害により，それまでの自己イメージが保持できなくなったり，大切な何かを物理的・心理的に失ったりすることを意味する。喪失は私たちに悲哀や抑うつ反応を引き起こし，危機状況に陥る場合もある。いわゆる喪の作業ははるかフロイトの時代からセラピーの一大テーマだった。人間の自立性や自我の確立を重視するタイプの心理援助では，私たちが喪失という現実を受け入れて，失った対象から次第に離れ，先に進むことが大切とされる傾向があ

Topic 9-3　フリースペースやフリースクールという居場所

　1980年代から，不登校の子どもの居場所として，その親たちの力（親の会）によって**フリースペース**や**フリースクール**が作られていった。適応指導教室などの行政による不登校支援対策事業は，その活動をモデルにしたと言われる。学習を主たる目的とするものをフリースクール，しないものをフリースペースと呼ぶのが一般的である。学校や教育相談所をはじめとする公共の不登校支援が質量共に充実していったこと，開設当初からメンバーだった子どもたちの年齢が上がっていったことなどの影響を受け，現在では，20代，30代の引きこもりと呼ばれる青年たちの支援活動へと発展していったフリースペースも多い。メンバーの親たち，社会福祉や心理学を専攻する学生・院生を中心とするボランティア，元メンバーといった人的資源を得て，メンバーとその家族への支援を展開している。

図9-6　**フリースクールでの風景**（写真提供：師友塾）
フリースクールでは，多面的な心理援助を実践するために，学習以外にも様々な活動を行っている。

178   9章　家族への臨床的アプローチの実際

った。しかし，家族援助のアプローチが発展する中で，喪失を
「語り直すこと」の価値が見直され始め，失った大切な存在を
「再び自分の人生に組み込むこと」こそが人生を豊かにするとい
う観点に立った心理援助が，発展されつつある。

リメンバリング

　人生上の問題や困難に苦しむ人々は，大抵，重要な関係からの
孤立や途絶を経験し，大切な人々とのつながりが見えなくなった
り，制限されてしまっている。リメンバリングとは，ナラティブ
アプローチ（6章 p. 120 参照）の一つのスキルであり，対話や質
問により，相手がその人にとって大切なメンバーシップを思い出
したり，共に歩む大切な仲間として自分の人生に組み入れていく
ことを助ける。そのメンバーは，生きている人も亡くなった人も，
現実の人も想像上の人も，現在の人も過去の人も含まれ得る。リ
メンバリングによって，人々は「問題に支配された人生」という
制限されたナラティブから，自己肯定観や希望を含んだより豊か
な人生を生きることに開かれていく。

　曖昧な喪失という概念は，行方不明兵士の家族研究から生まれ
た（ボス，2005）。人災や自然災害の被害者家族が経験する身元
が確認できず生死がわからないという身体的な喪失状況（図
9-7），また，増えつつある認知症者や薬物・アルコール依存者
が示す心理的な喪失状況を曖昧な喪失と呼んで，曖昧であるがた
めに，家族が悲嘆からなかなか抜け出せず，関係が分断されがち
な事実を明らかにした。

　一方で，最近では，家族が深刻な困難から回復する事例も多く
示されるようになっている。個人や家族がそのような深刻な出来
事や喪失体験から回復を明らかにするための研究が，レジリエン

9-5 喪失に対する臨床的アプローチ

図 9-7 **曖昧な喪失**（読売新聞社提供）
2011 年 3 月 11 日に発生した東日本大震災では，津波により多くの死者・行方不明者を出した。写真は震災 1 年後，多くの犠牲者を出した岩手・陸前高田市の中心部。

180 9章 家族への臨床的アプローチの実際

ス（5章 p.92 参照）の観点から再び行われ始めている。

参 考 図 書

ボス，P. 南山 浩二（訳）（2005）.「さよなら」のない別れ　別れ
　　のない「さよなら」──あいまいな喪失── 学文社
　事件や災害に巻き込まれ消息知れずとなった家族，別れを告げず突
然いなくなった相手，認知症や病のために肉体は存在するが心がいな
くなってしまった人等，曖昧な喪失の具体例を複数挙げながら，その
状態に留まり続ける苦しさと援助のあり方が論じられている。

ヘツキ，L.・ウィンスレイド，J. 小森 康永・石井 千賀子・奥野 光
　　（訳）（2005）. 人生のリ・メンバリング──死にゆく人と遺され
　　る人との会話── 金剛出版
　愛する人の死という事態を取り上げながら，悲しみや憂うつでなく，
その人との関係の素晴らしさを思い起こし死者とのつながりを深める
方向へと読者を誘う。死の臨床領域における，ナラティブ・アプロー
チの解説書でもある。

ミラー，A. 山下 公子（訳）（1983）. 魂の殺人──親は子どもにな
　　にをしたか── 新曜社
　訳書は 40 年近く前に出版されたが，虐待という現代的テーマを取
り上げている。しつけや教育という名のもとに，子どもの心が踏みに
じられる様子をセンセーショナルに描写し，そのような行為の繰返し
は，復讐という事態を招くだけだと警告を発している。

日本家族心理学会（編）（2005）. 家族間暴力のカウンセリング　家
　　族心理学年報 23　金子書房
　家族関係で生じる暴力問題の心理とその援助活動を特集したもので
ある。被害者支援や加害者に対する働きかけ，援助者のサポートなど
をテーマとする論文が掲載されている。

平木 典子（2010）. 臨床心理学を学ぶ 4　統合的介入法　東京大学出

9-5 喪失に対する臨床的アプローチ　　181

版会

　個々の学派の心理療法にこだわらず，複数の心理療法の理論を組み合わせたり，ある心理療法の理論に他の理論・技法を取り入れたり，あるいは，代表的な心理療法の理論・技法に共通する要素を探ったりして，様々な問題や状況に対応でき，かつ理論的にも技法的にもある程度整合性がある統合的介入法の考え方や，その実践例が具体的にわかりやすく解説されている。

中釜 洋子（2010）．個人療法と家族療法をつなぐ——関係系志向の
　　実践的統合——　東京大学出版会

　セラピストとして，より有効なセラピーシステムを構築するという志向性から，フロイト以来，心理療法の基本モデルとしてとらえられ発展してきた個人療法と，そのアンチテーゼとして登場した家族療法という異種のアプローチをつなぐためのモデルが提唱され，そのモデルに基づいて行った臨床心理学的援助実践が解説されている。

藤田 博康（2010）．非行・子ども・家族との心理臨床——援助的な
　　臨床実践を目指して——　誠信書房

　援助的で真に役に立つ心理援助実践を目指して統合的なスタンスから関与した，非行の子どもたちやその家族との臨床実践事例を通して，人間心理の複雑な機微や深淵を可能な限り描写し，悪，幸不幸，救い，心理療法とは何か，といった心理臨床の本質を追求した一冊である。

家族をめぐる心理学の課題と展望

　1章で，「夫婦は互いを選ぶことができるが，子どもは親を選ぶことができない。また，子どもの誕生は父母にその立場の解消を不可能にする」と述べた。家族の原型は遺伝子を引き継いだ父・母・子でありながら，家族の形態や機能は大きく変化し始めていることも見てきた。

　産業化・IT化された私たちを取り巻く環境は，家族制度を含め堅固さと安定を保障してきた社会制度を揺るがし始め，より柔軟で，適応性の高い新たな制度の創造を要求している。

　現在，人々は結婚・家族に期待された従来の価値の崩壊と新しい環境が要求する多様な価値の出現の狭間で混乱し，自己の選択に苦しんでいる。人々の移行期の苦悩と挑戦が，まさに家族の心理学的研究と臨床的実践の課題になっている。

　本章では，多様性を増していくことが予想される今後の家族のあり方をめぐって，社会のあらゆるレベルの変化につながる家族心理学の研究と実践の課題とは何かを考えることにしよう。

10-1 家族の普遍性と個別性

多様な選択肢の出現

　人類の婚姻史を紐解いて見ると，社会学者のウエスターマーク（Westermarck, 1970）は，家族は夫婦や結婚によって始まったのではないと述べた。人類が生き残りをかけて環境と戦う狩猟生活から環境に適応する農耕生活へと移行したとき，子どもの生誕と生育に最適の条件を整備できたのが家族であった。コミュニティは家族の継続を保障するために夫婦・結婚をコントロールし，守ってきたのであり，結婚の概念は家族から派生したものであるとされる。父・母・子という家族の原型はそこから生まれ，人々は拡大家族をはじめ近隣の人々の共通の利益のために，結束し，助け合って生活することになった。その意味で家族は，現状を維持し，変化に抵抗する堅固な制度として守られてきたのである。

　ところが，科学技術の発展による工業化・産業化の波は，人に自然をコントロールする力と経済力を与え，家族制度を始めとして人類が必要としてきた社会制度の存続を揺るがし始めている。従来家族に限って可能であった性と生殖関係，子どもの養育，メンバーの安全と生存の保障といった道具的機能は拡散し，単身者，一人親家族，共働き家族などの数が増加し，これまで人類が経験したことのない多様な価値観と選択肢の中から，各自が自分の要求に適した生き方を選ぶことが可能になった。

家族に求められる心理的機能

　ただ，選択の自由は同時に選択の苦しみをもたらす。現代人は，新旧の価値観の並存と多様な選択肢の氾濫の中で常に岐路に立たされている。例えば，性的関係と生殖は結婚に限定されるべきか否か，結婚・家族づくりは社会的責務かそれとも個人の自己実現

の手段か，子育ては伝統的なジェンダー役割分担か男女共同参画か，長期間に及ぶ子育てを経済的にも労力的にも親だけで担えるのか，等々，様々な価値を含む選択肢の中から個々人が生き方を選ぶことは容易ではない。

特に社会の変化は急速であり，対立する多様な選択肢の存在は，自由を保障するどころか戸惑いと混乱を招きかねない。現代社会における引きこもりやニート，青年期のさらなる延長は，選択力の未熟な子どもたちにとってモデルとなる存在や多数派の見えにくさに対する不安を表しており，また，子どもへの虐待は，多様な価値観の中にあっても標準的な子育てを要求されている親の困惑と焦りを示している可能性がある。

ひと昔前，家族が道具的機能を提供することで同時に発揮できた夫婦の親密さ，子どもへのサポート，家族へのケアといった心理的機能は，性の解放，養育やケアの外部化等によって，家族の具体的行動に託すことはできなくなった。現代の結婚の延期，家族間暴力の激化，離婚数，引きこもりやうつの高止まり等は，現代人が理解，支持，愛，慰めといった心理的欲求充足を求めている証かもしれない。

一方で，これまでにも増して人は結婚に情緒的安定と個人の価値と意味の認証を求め始めている。つまり，便利で豊かな現代で人が心の最も深いところで求めるものは，物理的，経済的豊かさではなく，人と人との関わりにおける親密さ，情熱，コミットメントということであろう。

心理的耐性の必要性

選択肢が広がった現代の夫婦関係（カップル）は，様々な方法で心理的満足を得ようとし，結婚・出産に対して多様な心理と選

択をもつ。

例えば，夫婦（カップル）には，子どもをもつかもたないか，予定外の妊娠が生じた場合どう対応するか，若年あるいは高齢での出産を決意するかなどといった多様なケースがあり，それぞれの状況に対して問題解決を迫られる。

寿命が延びた現代の夫婦（カップル）は，中年期と呼ばれる35〜65歳のおよそ30年間の長い時間を過ごすことになるが，子どもがいつの時期に生まれるかによって，家族模様はさらに複雑になる。例えば，晩婚化や長寿化が進む一方で，初産を体験する女性の年齢は，実情として10代前半から50代以降までに広がっており，中年期世代の親には乳児から成人までの子どもがいることになる。あるいは，老年期の夫が若い妻と再婚し，間に子どもが生まれると，夫と父親，そして前婚家族の祖父を兼ねるケースもありうる。

このように現代人は，家族形態一つとっても多様な選択肢からなるライフコースを歩むわけであり，その時々の選択力と変化への適応力とが試されることになるだろう。今後，ますます家族の形態や機能は個別性の高いものに変化していく。そのような時代に備えて，人間は多様性と曖昧さへのより高い耐性（tolerance）と，冷静な選択力が必要とされるであろう。

かつての厳しい自然との闘いで人々が結束するために必要とされた耐性と，現代の個別性が重視される豊かな社会で育成されるべき心理的な耐性は異なった質のものであるだろう。そのような耐性と選択力の育成は，子どもの社会化を誰が，どこで，どのように行うかという課題と共に，家族心理学やその知見を生かした心理教育のこれからの課題であると言える。

10-2 これからの家族心理学

実証研究と臨床研究の統合

　本書をここまで読んできた読者は，家族心理の研究が，心の発達の研究に始まって心の障害の研究に及び，さらにそれらが家族関係の研究，家族を取り巻く人々やコミュニティ，社会との相互作用の研究などに広がっていったことを理解しただろう。つまり，家族の心理を研究することは，人が生きること全体を研究することであり，家族研究は学際的な学問であるということである。

　これまで述べてきた家族に関する理論・研究は，主として心理学の2つの主要な研究法から導き出されている。一つは実証研究と呼ばれるもので，標準化された尺度を使って，あらかじめ決められた方法と手続きに従って観察・実験・調査を行い，標準化されうる一定量のデータを収集し，それらの分析と解釈をもとにして問題や仮説を検証し，普遍的な法則を発見する方法である。本書で引用した図4-1，表5-2，図5-2等はその代表的な例である。

　もう一つは臨床研究であり，必ずしも普遍性をもつとは限らない少数の人との面接・臨床などの実践から得られるデータを記述して，その意味を追究する方法である。本書における7章の内容はその代表的なものであり，人間の心理の一般的傾向を客観的に実証することにはならないが，特定の現象や少数派の心理などを仮説生成的に理解し，有効な対応を探ることに役立つ。

　前者は量的研究，後者は質的研究とも呼ばれ，人の心理の研究にはこれら2つの研究法が駆使されて，理論が構築されている。

　心理学においては，つい最近まで実証研究が大勢を占め，客観性が不十分な臨床研究は臨床家以外の心理学者には軽視されてき

た面もないとはいえない。しかし，本書でも見てきたように，個人の症状・問題行動や社会の病理は，いち早く人間や社会の敏感で脆弱なところに現れる。それは社会と人間に対するシステムの危機を知らせる SOS であり，症状や病理を示している個人だけでなく，循環的相互作用関係にある家族，社会を含むシステムの危機を知らせていることでもある。

　人間の普遍的法則を客観的に導き出そうとする実証研究と，個人や集団に現れる変異や個別性を追究する臨床研究は，家族心理学分野を越えて今後の人間科学研究法の2つの柱であり，時代と文化の変遷に併せて常に新たな知見を生み出していく必要があるだろう。たとえば，柏木・平木（2009）は，実証研究によって明らかにされている現代家族の一般的動向や問題領域を挙げたうえで，それらに対応する家族・カップルカウンセリングの臨床実践研究を踏まえた洞察を提示することで，実証研究と臨床研究との統合／相補的理解を目指している。

　家族に関わる心理学は，今後，隣接科学との学際的交流を維持しながら，実証研究と臨床研究の統合を目指した学問になっていくことがますます求められている。

家族研究・家族援助の意義と難しさ

　これまで，様々な側面から家族を見てきたが，家族を理解すること，そして，援助を必要としている家族により適切な支援を行うことの大切さと難しさが改めて理解されたであろう。

　家族は国家よりも都市よりも古く，家族と等価値の濃密な相互作用を，人間はまだ「人工的に」つくり出していない。他方，家族は人間が社会的組織を作る際のモデルになったが，その反面，国家やその下部組織が家族を管理し，税や人間を徴収する社会に

10-2 これからの家族心理学

なってからというもの，家族は社会と個人との矛盾やあつれきの戦場になってきた（中井，1991 より筆者要約）。

また，家族は情緒的サポートや癒し，甘えの源泉でもあれば，たとえば社会化や教育のために個の自由や意志を制限する場でもある。その両者の意味で，家族は，個々のメンバーに忠誠を求める拘束力が意識的にも無意識的にも強く働く集団である。端的に言えば，私たちを癒してくれるのも家族，私たちを苦しめるのも家族であり，それらは家族の存在意義の表裏一体の側面であろう。

家族の理解と援助をさらに難しくさせるのは，個々の家族は社会の価値観や制度により翻弄される脆弱な側面があるとともに，深刻な問題を抱えても（抱えているからこそ）独自の家族のありように こだわり，頑として変化を受け入れない側面とを合わせ持つことである。

このように，家族は複雑かつ二律背反的な集団であるにもかかわらず，太古から綿々と続いている結びつきである。その家族の理解や研究なくして，人がこの世に生を受け，どのように生きていくのかを深く知ることはできない。また，私たちが心理的な困難や苦しみに陥ったとき，良きにつけ悪しきにつけ，家族とのかかわりや家族の影響を考慮することが，回復の大きな鍵になることは言うまでもない。

わが国初の心理職国家資格である公認心理師においても，人々のウエルビーイング増進と心理的援助のために家族，集団，社会を適切に理解し，それらに効果的に介入できることが求められている。社会の価値観が多様になるに伴い，今後，個人から国家まで社会のあらゆるレベルの変化と連関する家族研究や家族援助のニーズはますます高まるだろう。

引 用 文 献

初版へのまえがき

Ariés, P.（1960＝1973）. *L'enfant et la vie familiale sous l'ancien régime*. Paris : Liberairei Plon.（英訳（1962）. *Centuries of childhood : A social history of family life*. New York : Vintage Books.）

（アリエス，P.　杉山 光信・杉山 恵美子（訳）（1980）.〈子供〉の誕生──アンシャン・レジーム期の子供と家族生活──　みすず書房）

Bateson, G., et al.（1956）. Toward a theory of schizophrenia. *Behavioral Science*, *1*, 251‑264.

von Bertalanffy, L.（1968）. *General systems theory : Foundations, development, application*. New York : Braziller.

（フォン・ベルタランフィ，L.　長野 敬・太田 邦昌（訳）（1973）. 一般システム理論──その基礎・発展・応用──　みすず書房）

Friedan, B.（1963）. *The feminine mystique*. New York : W. W. Norton.

（フリーダン，B.　三浦 富美子（訳）（1980）. 増補　新しい女性の創造　大和書房）

Murdock, G. P.（1949）. *Social structure*. New York : Free Press.

（マードック，G. P.　内藤 莞爾（監訳）（2001）. 新版 社会構造──核家族の社会人類学──　新泉社）

Weiner, N.（1954）. *Cybernetics : Or control and communication in the animal and the machine*（2nd ed.）. Cambridge : Massachusetts Institute of Technology Press.

（ウィーナー，N.　池原 止戈夫・彌永 昌吉・室賀 三郎・戸田 巌（訳）（1962）. サイバネティックス──動物と機械における制御と通信──　第2版　岩波書店）

山根 常男（1986）. 家族と人格──家族の力動理論を目指して──　家政教育社

1 章

Ariés, P.（1960＝1973）. *L'enfant et la vie familiale sous l'ancien régime*. Paris : Liberairei Plon.（英訳（1962）. *Centuries of childhood : A social history of family life*. New York : Vintage Books.）

（アリエス，P. 杉山 光信・杉山 恵美子（訳）（1980）.〈子供〉の誕生
――アンシャン・レジーム期の子供と家族生活―― みすず書房）

Erikson, E. H., & Erikson, J. M.（1997）. *The life cycle completed : A review* (Extended Version). W. W. Norton.

（エリクソン，E. H.・エリクソン，J. M. 村瀬 孝雄・近藤 邦夫（訳）
（2001）. ライフサイクル，その完結 増補版 みすず書房）

Gubrium, J. F., & Holstein, J. A.（1990）. *What is family?* CA : Mayfield.

（グブリアム，J. F.・ホルスタイン，J. A. 中河 伸俊・湯川 純幸・鮎
川 潤（訳）（1997）. 家族とは何か――その言説と現実―― 新曜社）

Hall, G. S.（1904）. *Adolescence : Its psychology and its relations to physiology, anthropology, sociology, sex, crime, religion, and education*. Vol.2. New York : Appleton.

（ホール，G. S. 元良 勇次郎・中島 力造・速水 滉・青木 宗次郎（訳）
（1910）. 青年期の研究 同文舘）

柏木 惠子（2003）. 家族心理学――社会変動・発達・ジェンダーの視点――
東京大学出版会

厚生労働省（2002）. 人口動態調査特殊報告

森岡 清美・望月 嵩（1983）. 新しい家族社会学 培風館

Murdock, G. P.（1949）. *Social structure*. Macmillan.

（マードック，G. P. 内藤 莞爾（監訳）（2001）. 新版 社会構造――核家
族の社会人類学―― 新泉社）

内閣府（2013）. 平成 24 年版 子ども・若者白書

内閣府（2014）. 平成 25 年度 我が国と諸外国の若者の意識に関する調査

内閣府（2015）. 平成 27 年 少子化社会に関する国際意識調査報告

日本性教育協会（2013）.「若者の性」白書――第 7 回青少年の性行動全国調査
報告―― 小学館

Parsons, T., & Bales, R. F.（1956）. *Family : Socialization and interaction process*. Routledge.

（パーソンズ，T.・ベールズ，R. F. 橋爪 貞雄・溝口 謙三・高木 正太
郎・武藤 孝典・山村 賢明（訳）（2001）. 家族――核家族と子どもの社会
化―― 新装版 黎明書房）

引　用　文　献　　　193

社会経済生産性本部メンタル・ヘルス研究所（編）（2005）．産業人メンタルヘ
　　ルス白書

詫摩 武俊・依田 明（編著）（1972）．家族心理学　川島書店

山根 常男（1963）．家族の本質——キブツに家族は存在するか——　社会学評
　　論，*13*-*4*(52), 43.

山根 常男（1986）．家族と人格——家族の力動理論を目ざして——　家政教育
　　社

2章

Beavers, W. F., & Voeller, M. N.（1983）. Family models : Comparing and contrasting the Olson Circumplex Model with the Beavers Systems Model. *Family Process, 22*, 85-98.

Epstein, N. B., Bishop, D. S., & Levin, S.（1978）. The McMaster Model of family functioning. *Journal of Marriage and Family Counseling, 4*(4), 19-31.

Erikson, E. H., & Erikson, J. M.（1997）. *The life cycle completed : A Review* （Extended Version）. W. W. Norton.
　　（エリクソン，E. H.・エリクソン，J. M.　村瀬 孝雄・近藤 邦夫（訳）
　　（2001）．ライフサイクル，その完結　増補版　みすず書房）

Goldenberg, I., & Goldenberg, H.（2004）. *Family therapy : An overview*（6th ed.）. CA : Thompson Books/Cole.

草田 寿子・岡堂 哲雄（1993）．家族関係査定法　岡堂 哲雄（編）心理検査学
　　（pp. 573-581）垣内出版

Levinson, D. J.（1996）. *The seasons of a woman's life*. Knopf.

Levinson, D. J. et. al.（1978）. *The seasons of a man's life*. Random House.

McGoldrick, M., Carter, B., & Garcia-Preto, N.（2011）. *The expanded family life cycle : Individual, family, and social perspectives*（4th ed.）. Allyn & Bacon.

McGoldrick, M., Preto, N. G., & Carter, B.（2016）. *Expanding family life cycle : Individual, family, and social perspectives*（5th ed.）. Pearson.

Olson, D. H., & Gorall, D. M.（2003）. Circumplex model of marital and family systems. In F. Walsh（Ed.）, *Normal family processes : Growing diversity and complexity*（3rd ed., pp. 514-548）. The Guilford Press.

Olson, D. H., Sprenkle, D. H., & Russell, C. S.（1979）. Circumplex model of marital and family systems : I. Cohesion and adaptability dimensions, family types, and clinical applications. *Family Process*, *18*(1), 3–28.

Stierlin, H.（1973）. A family perspective on adolescent runaways. *Archives of General Psychiatry*, *29*(1), 56–62.

Walsh, F.（Ed.）（2011）. *Normal family processes : Growing diversity and complexity*（4th ed.）. The Guilford Press.

3章

Amundson, N. E., & Poehnell, G. R.（2004）. *Career pathways*. BC : Ergon Communications.
（アムンドソン，N. E.・ポーネル，G. R. 河崎 智恵（監訳）（2005）. キャリア・パスウェイ──仕事・生き方の道しるべ── ナカニシヤ出版）

ベネッセ教育総合研究所（2013）. 第2回放課後の生活時間調査報告書

Bowen, M.（1978）. *Family therapy in clinical practice*. New York : Jason Aronson.

遠藤 由美（2000）. 青年の心理──ゆれ動く時代を生きる── サイエンス社

Erikson, E. H.（1950）. *Childhood and society*. New York : Norton.
（エリクソン，E. H. 仁科 弥生（訳）（1977）. 幼児期と社会1 みすず書房）

笠原 嘉（1977）. 青年期──精神病理学から── 中央公論社

L'Abate, L.（Ed.）（1985）. *Handbook of family psychology and therapy*（Vol.1., pp. 405–427）. Homewood, IL : Dow Jones-Irwin.

前田 重治（1985）. 図説臨床精神分析学 誠信書房

内閣府（2015）. 平成24年版子ども・若者白書

小此木 啓吾（1979）. モラトリアム人間の心理構造 中央公論社

社会経済生産性本部（2007）. ニートの状態にある若年者の実態及び支援策に関する調査研究報告書

Super, D, E.（1976）. *Career education and the meaning of work : Monograph on career education*. WA : The Office of Career Education, US Office of Education.

Williamson, D. S.（1991）. *The intimacy paradox : Personal authority in the family*

引 用 文 献

system. The Guilford Press.

山口 和夫（1983）．成熟拒否——大人になれない青年たち——　新曜社

4章

Belskey, J., & Kelly, J.（1994）. *The transition to parenthood*. Delacorte Press.

（ベルスキー，J.・ケリー，J.　安次嶺 桂子（訳）（1995）．子供をもつと夫婦に何が起こるか　草思社）

ブライダル総研（2016）．離婚に関する調査 2016　リクルートマーケティングパートナーズ

Carter, B., & McGoldrick, M.（Eds.）（1999）. *The expanded family life cycle : Individual, family, and social perspectives*（3rd ed.）. Boston : Allyn and Bacon.

Dym, B., & Glen, M. L.（1993）. *Couples : Exploring and understanding the cycle of intimate relationship*. UK : Harper Collins.

Gottman, J. M., & Silver, N.（1999）. *Seven principles for making marriage work*. Crown Publishers.

（ゴットマン，J. M.・シルバー，N.　松浦 秀明（訳）（2000）．愛する二人別れる二人——結婚生活を成功させる七つの原則——　第三文明社）

稲葉 昭英（2011）．NFRJ98/03/08 から見た日本の家族の現状と変化　家族社会学研究，*23*(1), 43-52.

柏木 惠子（2003）．家族心理学——社会変動・発達・ジェンダーの視点——　東京大学出版会

警察庁（2018）．平成 29 年におけるストーカー事案及び配偶者からの暴力事案等への対応状況について

警察庁生活安全局生活安全企画課（2016）．ストーカー事案及び配偶者からの暴力事案等の対応状況について

厚生労働省（編）（2013）．平成 25 年版　厚生労働白書——若者の意識を探る——

Lerner, H. G.（1989）. *The dance of intimacy*. New York : Harper and Row.

（レーナー，H. G.　中釜 洋子（訳）（1994）．親密さのダンス——身近な人間関係を考える——　誠信書房）

Lewis, J. A.（1992）. Seneitivity and family empowerment. *Family Psychology and*

Counseling, 1(4), 1-7.

内閣府（2015）．平成 26 年度「結婚・家族形成に関する意識調査」報告書

中村 伸一（2000）．やわらかな男性への提言　日本家族心理学会（編）家族心理学年報 18　ジェンダーの病——気づかれぬ家族病理——（pp. 171-180）金子書房

Olson, D. H., & Olson, A. K.（1999）. PREPARE/ENRICH Program : Version2000. In R. Berger, & M. T. Hannah（Eds.）, *Preventive approaches in couples therapy*（pp. 196-216）. Brunner/Mazel.

Sager, C. J.（1977）. *Marriage contracts and couple therapy.* Jason Aronson.

佐藤 博樹・三輪 哲・高見 具広・高村 静・石田 絢子（2016）．結婚の意思決定に関する分析——「結婚の意思決定に関する意識調査」の個票を用いて——　内閣府経済社会総合研究所

宇都宮 博（2015）．新婚期における配偶者との関係性と心理的適応——コミットメント志向性の枠組みから——　立命館人間科学研究，*31*, 53-63.

Weeks, G. R., & Fife, S. T.（2014）. *Couples in treatment : Techniques and approaches for effective practice*（3rd ed.）. Routledge.

5 章

Bowlby, J.（1969/1982）. *Attachment and loss.* Vol.1. *Attachment.* New York : Basic Books.
（ボウルビィ，J.　黒田 実郎・大羽 蓁・岡田 洋子・黒田 聖一（訳）（1991）．母子関係の理論 I［新版］——愛着行動——　岩崎学術出版社）

藤田 博康（2015）．子どもたちの怒りの行動化——非行や逸脱行動——　平木 典子・柏木 惠子（編著）日本の親子——不安・怒りからあらたな関係の創造へ——（pp. 170-187）金子書房

藤田 博康（2016）．親の離婚を経験した子どもたちのレジリエンス——離婚の悪影響の深刻化と回復プロセスに関する「語り」の質的研究——　家族心理学研究，*30*(1), 1-16.

藤田 博康（2017a）．親の離婚と子どもたちのレジリエンス（第 1 回）離婚渦中の子どもたち——　児童心理　5 月号，119-125.

藤田 博康（2017b）．親の離婚と子どもたちのレジリエンス（第 2 回）離婚のダメージとそこからの回復——　児童心理　6 月号，119-125.

引 用 文 献

藤田 博康（2017c）．親の離婚と子どもたちのレジリエンス（最終回）子どもたちが教えてくれたもの——幸せに生きるためのヒント——　児童心理7月号，119-125.

柏木 惠子・永久 ひさ子（1999）．女性における子どもの価値　教育心理学研究，*47*(2), 170-179.

柏木 惠子・永久 ひさ子（2001）．子どもの価値研究　Kashiwagi, K. et al. (2001). Value of child. IACCP 学会発表

柏木 惠子・若松 素子（1994）．「親となる」ことによる人格発達——生涯発達的視点から親を研究する試み——　発達心理学研究，*5*(1), 72-83.

厚生労働省児童家庭局（監修）子ども虐待防止の手引き編集委員会（編）(1997)．子ども虐待防止の手引き　日本子ども家庭総合研究所

厚生労働省雇月均等・児童家庭局（2004）．少子化に関する意識調査

内閣府（2001）．国民生活選好度調査

大日向 雅美（2000）．母性愛神話の罠　日本評論社

Schaffer, H. R.（1998）．*Making decisions about children : Psychological questions and answers*. Oxford : Blackwell.
（シャファー，H. R.　無藤 隆・佐藤 理恵子（訳）(2001)．子どもの養育に心理学がいえること——発達と家族環境——　新曜社）

Werner, E. E., & Smith, R. S.（1992）．*Overcoming the odds : High risk from birth to adulthood*. UK : Cornell University Press.

Wolin, S. J., & Wolin, S.（1993）．*The resilient self : How survivors of troubled families rise above adversity*. New York : Villard Books.
（ウォーリン，S. J.・ウォーリン，S.　奥野 光・小森 康永（訳）(2002)．サバイバーと心の回復力——逆境を乗り越えるための七つのリジリアンス——　金剛出版）

6 章

Becvar, D. S., & Becvar, R. J.（2003）．*Family therapy : A systemic integration*（5th ed.）. Boston : Allyn and Bacon.

von Bertalanffy, L.（1968）．*General systems theory : Foundations, development, application*. New York : Braziller.
（フォン・ベルタランフィ，L.　長野 敬・太田 邦昌（訳）(1973)．一般

システム理論——その基礎・発展・応用—— みすず書房）

平木 典子（1998）．家族との心理臨床——初心者のために—— 垣内出版

国立社会保障・人口問題研究所（2000）．人口の動向

厚生労働省（2001）．人口動態統計 厚生労働省大臣官房統計情報部

Miller, J. G.（1978）．*Living systems*. New York : McGraw-Hill.

Morgan, A.（2000）．*What is narrative therapy?* Dulwich Centre Publications.
（モーガン，A. 小森 康永・上田 牧子（訳）（2003）．ナラティヴ・セラピーって何？ 金剛出版）

内閣府（2001）．IT による家族への影響実態調査

中釜 洋子（2001）．いま家族援助が求められるとき——家族への支援・家族との問題解決—— 垣内出版

根ヶ山 光一・柏木 惠子（編著）（2010）．ヒトの子育ての進化と文化——アロマザリングの役割を考える—— 有斐閣

岡本 祐子（2002）．現代社会と女性 岡本 祐子・松下 美知子（編）新 女性のためのライフサイクル心理学（pp. 10-18）福村出版

総務省（2015）．社会課題解決のための新たな ICT サービス・技術への人々の意識に関する調査研究

総務省（2016）．平成 27 年度通信利用動向調査

Weiner, N.（1954）．*Cybernetics : Or control and communication in the animal and the machine*（2nd ed.）．Cambridge : Massachusetts Institute of Technology Press.
（ウィーナー，N. 池原 止戈夫・彌永 昌吉・室賀 三郎・戸田 巌（訳）（1962）．サイバネティックス——動物と機械における制御と通信—— 第2版 岩波書店）

7章

Boszormenyi-Nagy, I., & Krasner, B. R.（1986）．*Between give and take : A clinical guide to contextual therapy*. New York : Brunner/Mazel.

Bowen, M.（1978）．*Family therapy in clinical practice*. New York : Jason Aronson.

Kerr, M. E., & Bowen, M.（1988）．*Family evaluation : An approach based on Bowen theory*. New York : W. W. Norton.

引 用 文 献   199

（カー，M. E.・ボーエン，M. 藤縄 昭・福山 和女（監訳）（2001）．家族評価——ボーエンによる家族探求の旅—— 金剛出版）

McGoldrick, M., Gerson, R., & Petry, S.（2008）. *Genograms : Assessment and intervention*（3rd ed.）. W. W. Norton & Company.

（マクゴールドリック，M.・ガーソン，R.・ペトリー，S. 渋澤 田鶴子（監訳）（2018）．ジェノグラム——家族のアセスメントと介入—— 金剛出版）

Minuchin, S.（1974）. *Families and family therapy*. Cambridge : Harvard University Press.

（ミニューチン，S. 山根 常男（監訳）（1983）．家族と家族療法 誠信書房）

野末 武義（2014）．夫婦間葛藤をめぐる悪循環——自己分化とジェンダーの観点から—— 柏木 惠子・平木 典子（編著）日本の夫婦——パートナーとやっていく幸せと葛藤——（pp. 101-122）金子書房

8章

Boszormenyi-Nagy, I., & Spark, G. L.（1973）. *Invisible loyalties : Reciprocity in intergenerational family therapy*. New York : Harper and Row.

Minuchin, S.（1974）. *Families and family therapy*. Cambridge : Harvard University Press.

（ミニューチン，S. 山根 常男（監訳）（1983）．家族と家族療法 誠信書房）

Minuchin, S., & Fishman, H. C.（1981）. *Family therapy techniques*. Cambridge : Harvard University Press.

中釜 洋子（2010）．説き明かし・私の家族面接 初回面接の実際［DVD］Disc3 星屑倶楽部/中島映像教材出版

Watzlawick, P.（1978）. *The language of change : Elements of therapeutic communication*. New York : Basic Books.

（ワツラウィック，P. 築島 兼三（訳）（1989）．変化の言語——治療コミュニケーションの原理—— 法政大学出版局）

引用文献

9章

Boss, P.（1999）. *Ambiguous loss : Learning to live with unresolved grief.* Harvard University Press.

（ボス, P. 南山 浩二（訳）（2005）.「さよなら」のない別れ 別れのない「さよなら」――あいまいな喪失―― 学文社）

Boszormenyi-Nagy, I., & Spark, G. L.（1973）. *Invisible loyalties : Reciprocity in intergenerational family therapy.* New York : Harper and Row.

藤田 博康（2005）. 家族間暴力に関する法と心理臨床の接点 日本家族心理学会（編）家族心理学年報, *23*, 31-43.

藤田 博康（2009）. スクールカウンセリング実践において個人療法と家族療法をつなぐもの――共感, 介入, 変化の新たな位置づけ―― 心理臨床学研究, *27*(4), 385-396.

藤田 博康（2010）. 非行・子ども・家族との心理臨床――援助的な臨床実践を目指して―― 誠信書房

Grunebaum, H.（1969）. Diagnosis and treatment planning for couples. *International Journal of Group Psychotherapy*, *19*(2), 206-211.

平木 典子（2006）. 家族療法 松原 達哉（監修）ビデオ ビジュアル臨床心理学入門 19 サン・エデュケーショナル

平木 典子（2010）. 統合的介入法 東京大学出版会

Holmes, H. T., & Rahe, R. H.（1967）. The social adjustment rating scale. *Journal of Psychosomatic Research*, *11*, 213-218.

前田 重治（1994）. 続 図説臨床精神分析学 誠信書房

McGoldrick, M., Preto, N. G., & Carter, B.（2016）. *Expanding family life cycle : Individual, family, and social perspectives*（5th ed.）. Pearson.

中釜 洋子（2010）. 個人療法と家族療法をつなぐ――関係系志向の実践的統合―― 東京大学出版会

長田 久雄（2005）. 老親の介護・看取りをめぐる問題 岡本 祐子（編）成人期の危機と心理臨床――壮年期に灯る危険信号とその援助――（pp. 215-237）ゆまに書房

夏目 誠（2008）. 出来事のストレス評価 精神経誌, *110*(3), 182-188.

引 用 文 献

10章

柏木 惠子・平木 典子 (2009). 家族の心はいま——研究と臨床の対話から
—— 東京大学出版会

中井 久夫 (1991). 中井久夫著作集《精神医学の経験》6　個人とその家族
岩崎学術出版社

Westermarck, E. A. (1926). *A short history of human marriage*. London :
Macmillan.

（ウエスターマーク，E. A.　江守 五夫（訳）(1970). 人類婚姻史　社会
思想社）

人名索引

ア　行

アリエス（Ariés, P.）　3，4

稲葉 昭英　70

ウィーナー（Wiener, N.）　102
ウィリアムソン（Williamson, D. S.）　55
ウエスターマーク（Westermarck, E. A.）　184
ウォーリン（Wolin, S. J.）　92
ウォルシュ（Walsh, F.）　18
宇都宮 博　72

エプスタイン（Epstein, N.）　24
エリクソン（Erikson, E. H.）　14，36，48，50，52，56，62

大日向 雅美　87
小此木 啓吾　52
オルソン（Olson, D.）　20，74

カ　行

カーター（Carter, B.）　68
笠原 嘉　52
柏木 惠子　70，188

グブリアム（Gubrium, J. F.）　3
グルンバウム（Grunebaum, H.）　160

ゴットマン（Gottman, J.）　66

サ　行

サガー（Sager, C.）　58

スーパー（Super, D. E.）　47
スティアリン（Stierlin, H.）　22

タ　行

詫摩 武俊　3

ディム（Dym, B.）　60

ナ　行

中釜 洋子　34，76，101，103，105，111，122，181

野末 武義　34，76，143

ハ　行

パーソンズ（Parsons, T.）　4

ビーバーズ（Beavers, W.）　22
平木 典子　19，34，37，77，98，180

藤田 博康　85〜87，171，176，181
フロイト（Freud, A.）　160
フロイト（Freud, S.）　8，12，14，176

ベルタランフィ（von Bertalanffy, L.）　100

ボウルビィ（Bowlby, J.）　84
ボーエン（Bowen, M.）　132，134，138
ホームズ（Holmes, H. T.）　166
ホール（Hall, G. S.）　14
ボゾルメニィーナージ（Boszormenyi-Nagy, I.）　138，140，146，164

マ　行

マードック（Murdock, G. P.）　4
マクゴールドリック（McGoldrick, M.）　30，166

人名索引

ミニューチン（Minuchin, S.） 130,
　　134, 146, 148, 150, 164
ミラー（Miller, J.） 100

モーガン（Morgan, A.） 121

ヤ　行
山田 和夫　52, 53
山根 常男　iv, 3, 5, 16

ラ　行
ラバーテ（L'Abate, L.） 55

レーナー（Lerner, H. G.） 62

ワ　行
ワツラウィック（Watzlawick, P.） 148

事項索引

ア　行

愛着障害　85
アイデンティティ　44
曖昧な喪失　178
アタッチメント　84

「いえ」制度　110
依存　42
一般システム理論　100
インセスト・タブー　8
インプリンティング　84

エナクトメント　150
円環的因果律　104
円環モデル　20
エンパワーメント　172

親になる　80

カ　行

解決志向短期療法　155
開放システム　102
学童期　40
家族　2
家族機能測定尺度　20
家族境界の拡大　40
家族合同面接　162
家族システム理論　100
家族社会学　3
家族心理学　3
家族造形法　152
家族彫像化　152
家族の形成期　28
家族の収束期　30
家族の発展期　28
家族ライフサイクル　26
カップル（夫婦）関係が辿る循環過程
　　60

家庭内暴力　168

危機　50
虐待の世代間伝達　88
キャリア　47
キャリア・ディベロップメント　48
キャリア・パスウェイ　47
境界　130
凝集性　20
緊急性　160

形態維持　104
形態発生　106

合同面接　162
高齢者虐待　168
個人と家族にふりかかるストレスの流れ
　　図　30
個人の発達観が変化　116
個人療法と家族療法の統合　166
子どもの社会化　8
コミットメント　160
コミュニケーションの変質　114
コンシャスネス・レイジング　172

サ　行

サイバネティクス　107
サイバネティクス理論　102
サブシステム　102，130
三角関係　134
産後うつ病　90
三歳児神話　87

ジェノグラム　138
ジェンダー　68
自己分化　52，132
思春期　38
システム　18，100

事項索引

システムの階層性　104
実証研究　187
質的研究　187
児童虐待　88，168
社会構成主義　118
遮断　130
柔軟性　20
ジョイニング　146
少子化・核家族化　112
情緒的安定の充足　10
情緒的遮断　136
職業　46
自立　42
親密さ　62
親密さのパラドックス　55，62
心理教育　172

垂直的要因　32
水平的要因　32
スープラシステム　102

成熟拒否　53
生態学　108
生態システム理論　108
性的潜伏期　42
性同一性　40
性同一性障害　44
青年期　40

タ　行
多方向への肩入れ　146，164
短期療法　154

地域社会の弱体化　110
中立性　164
直線的因果律　104

てん綿状態　130

同一性拡散　50
ドメスティック・バイオレンス　168

ナ　行
ナラティブ・セラピー　121

ニート　51

ネガティブフィードバック　106，107

ハ　行
破壊的権利付与　140
パタニティ・ブルー　73
発達課題　36

ビーバーズシステムズモデル　22
引きこもり　51

夫婦　58
夫婦関係に関する実証研究　64
夫婦間契約　58
夫婦（カップル）療法　140
フェミニズム　68
フリースクール　177
フリースペース　177
フリーター　51
ブリーフセラピー　154

ペアレンティング　82
閉鎖システム　102

母子（親子）並行面接　160

マ　行
マクマスター家族機能モデル　24
マタニティ・ブルー　73

モラトリアム　48
問題の所在　160

ヤ　行
融合　130
遊離　130

事項索引

養育　80
養護性　82

ラ　行

リジリアンス　92
リフレーミング　148
リメンバリング　178
量的研究　187
臨床研究　187

レジリエンス　92, 178

ワ　行

若い成人期　52

英　字

DV　168
FACES Ⅲ　20
IP　126
PREPARE/ENRICH　72
QOL　30

執筆者紹介

平木典子（ひらき　のりこ）　【1・3・7・8・10章】

1959 年　津田塾大学英文学科卒業
1964 年　ミネソタ大学大学院修了　教育心理学修士
　　　　　日本女子大学，跡見学園女子大学教授を経て
現　在　IPI 統合的心理療法研究所顧問
主 要 著 書
『新版　カウンセリングの話』（2004，朝日新聞社）
『改訂版　アサーション・トレーニング――さわやかな〈自己表現〉のために』
（2009，金子書房）
『統合的介入法』（2010，東京大学出版会）
『増補改訂　心理臨床スーパーヴィジョン――学派を超えた統合モデル』（2017，
金剛出版）

中釜洋子（なかがま　ひろこ）　【2・4・5・6・9章】

1980 年　東京大学教育学部教育心理学科卒業
1988 年　東京大学大学院博士課程単位取得退学　博士（教育学）
　　　　　東京大学学生相談所カウンセラー，ハーバード大学ケンブリッジ病
　　　　　院研修員，東京大学助手，東京都立大学助教授，東京大学教授を歴任
2012 年 9 月　逝去
主要編著書
『いま家族援助が求められるとき』（2001，垣内出版）
『学校臨床そして生きる場への援助』（共編著）（2002，日本評論社）
『教師のためのアサーション』（共編著）（2002，金子書房）
『親密な人間関係のための臨床心理学――家族とつながり，愛し，ケアする力』
（共編著）（2011，金子書房）

執筆者紹介 209

藤田博康（ふじた　ひろやす）　【5・6・8・9・10章】

1989 年　京都大学教育学部教育心理学科卒業
1999 年　カウンセリング修士（筑波大学大学院）
2010 年　博士（教育学）（京都大学大学院）
　　　　　家庭裁判所調査官，帝塚山学院大学大学院，山梨大学大学院教授を経て
現　在　駒澤大学文学部心理学科教授

主要編著書

『非行・子ども・家族との心理臨床——援助的な臨床実践を目指して』（2010，
誠信書房）

『ロールプレイによるカウンセリング訓練のかんどころ』（共著）（2014，創元
社）

『家族心理学ハンドブック』（分担執筆）（2018，金子書房）

『キーワードコレクション　カウンセリング心理学』（共編著）（2019，新曜社）

野末武義（のずえ　たけよし）　【2・4・7章】

1987 年　立教大学文学部心理学科卒業
1990 年　国際基督教大学大学院教育学研究科博士前期課程修了　教育学修士
　　　　　文教大学越谷保健センター相談室，クボタクリニック，立教大学学
　　　　　生相談所，国立精神神経センター精神保健研究所を経て
現　在　明治学院大学心理学部心理学科教授　IPI 統合的心理療法研究所所長

主要編著書

『家族心理学——家族システムの発達と臨床的援助』（共著）（2008，有斐閣）

『家族療法テキストブック』（分担執筆）（2013，金剛出版）

『アサーション・トレーニング〈3〉家庭編——気持ちが伝わるコミュニケーシ
ョン』（編著）（2014，汐文社）

『夫婦・カップルのためのアサーション——自分もパートナーも大切にする自
己表現』（2015，金子書房）

ライブラリ 実践のための心理学＝3

家族の心理　第2版
──家族への理解を深めるために──

2006年10月10日©	初版　　発　行
2019年 6 月25日	初版第15刷発行
2019年 7 月25日©	第2版第1刷発行

著　者　平 木 典 子	発行者　森 平 敏 孝
中 釜 洋 子	印刷者　馬 場 信 幸
藤 田 博 康	製本者　米 良 孝 司
野 末 武 義	

発行所　　　株式会社 サイエンス社

〒151-0051　東京都渋谷区千駄ヶ谷 1 丁目 3 番 25 号
営業　☎（03）5474-8500（代）　振替 00170-7-2387
編集　☎（03）5474-8700（代）
FAX　☎（03）5474-8900

印刷　三美印刷　　　　　　　製本　ブックアート
《検印省略》

サイエンス社のホームページのご案内
http://www.saiensu.co.jp
ご意見・ご要望は
jinbun@saiensu.co.jp　まで.

本書の内容を無断で複写複製することは，著作者および
出版者の権利を侵害することがありますので，その場合
にはあらかじめ小社あて許諾をお求め下さい。

ISBN978-4-7819-1448-0
PRINTED IN JAPAN

コンパクト 新心理学ライブラリ 10

青年の心理 ゆれ動く時代を生きる

遠藤 由美 著

四六判／176 頁／本体 1,500 円（税抜き）

本書は青年心理学をはじめて学ぶ大学生・短大生のためのテキストです．基礎的な理論に加え，「青年期」の歴史的背景から，摂食障害，ひきこもりなどの現代の青年の問題行動までをやさしく解説します．

【主要目次】
1章 「青年期」とは
2章 移行期としての青年期
3章 身体：性的存在へ
4章 恋愛とセクシャリティ
5章 性と性役割
6章 自己
7章 将来を考える
8章 人間関係
9章 青年期の病理と反社会的行動

サイエンス社